山谷ヤマの男

多田裕美子

筑摩書房

まえがき

台東区と荒川区にまたがる日雇《ひやとい》労働者の街『山谷』。ここで会った男たちは誰もがこの街を山谷とは言わないで、『ヤマ』と呼ぶ。

いつから言われるようになったのだろう。出稼ぎで来た者たちが、山のある故郷を懐かしんでなのだろうか。

山のように高くそびえ建つ高層ビルの建築業の仕事に従事してきた日雇労働者の街には、この『ヤマ』という響きがとてもしっくりくる。男たちは皮肉まじりに捨て台詞で言うのだが、その響きの奥に、山谷という街への情愛を、ちょっとだけ私は感じる。

山谷にある玉姫公園で、一九九九年から二年間、山谷の男たちの肖像を撮らせてもらった。

二〇一六年現在の山谷は、街の景色も人の姿もその頃とはちがってきた。時が経っても変わらない百二十人の男たちのポートレイトを見ていると、写真屋のネエちゃん、と言いながら写真のなかの男たちが私に何かを語りかけてくる。

私はしばらくご無沙汰していた山谷の男たちの声に耳をすましてみた。酔っぱらっていたり、東北訛りで何を言っているかわからないことばかりだったが、その声は私の記憶からはなれない。

今も玉姫公園にある三本の銀杏の木。天高くのびるこの木に、男たちからもらった山谷の残像がかさなって見えてくる。

目次

泪橋の交差点にあった丸善食堂

荒川区と台東区の境目に、橋はかかってないが泪橋《なみだばし》という名の交差点がある。近くにあった小塚原刑場に連れて行かれる罪人が今生の別れに泪を流したのは江戸の頃。泪橋の名前は残ったが、橋とともに消えてしまった思川《おもいがわ》のことは知らなかった。

この交差点から東へ十歩ほど行った角に、モルタル作りの二階家がある。吉野通りに面した一階には、白に黒く丸善食堂とだけ書かれた暖簾が、入り口いっぱいに掛けられていた。ここで私の両親は、二〇〇一年までの二十九年間、丸善食堂という名の店を営んでいた。

店の中央に、今では滅多にみられないコの字型の全長十メートルほどの細長いカウンターがあり、一人で呑むには丁度いい。店のママである母が無駄なく動きやすいようにカウンターの内側にはガス管に繋がったコンロや伝票、灰皿が配置されている。

隅に四人がけのテーブルが二つ。壁には酒造メーカーおきまりの水着姿の若い女性や、昭和の女優三浦布美子の和服姿のポスターに混じって、母が何年かに一度書き改めるメニューが黒字と朱字で気持ちよく並んでいる。旬の刺身に、冬場は一人用のアルミ鍋に豆腐や牛肉が盛られ、ビールは大瓶のキリン、ホッピー、枡《ます》とセットのコップ酒。人気のすじこのおにぎりはコンビニの倍はあり、透明の容器に二個入りで客は朝食用に持って帰る。

時々、店の招き猫が、長い尻尾をしゅっと立てて酔っぱらい客の前に顔をだす。シャム猫のメスのモモは父からもらうマグロの切れ端のせいか毛並みがよく、うるさい客が触ろうとすると、容赦なく爪をたてて近寄らせない。誰かがモモちゃんは品がいいねえ〜と言うのを聞くと、また尻尾をしゅっと長く立てる。

厨房では長靴と白衣姿で板さんと父がいったりきたりで忙《せわ》しない。バカでかい奥の冷蔵庫から生ものを出し入れする時の分厚い扉の開閉音に、指を挟まれたらとおもっていつもぞっとした。その巨大で硬質な冷蔵庫の前を過ぎると裏口がある。二重扉で内側がサッシで外側が留置場のような鉄柵でできている。錆ついて重たい鉄柵には実際、何度か指を挟んだ。

奥の六畳ほどの倉庫にはビールや酒のケースが高く積まれ、そこからケースごと店に運んでは、冷水をはったビール用の冷蔵庫に補充した。常時、五十本は冷やされていた。倉庫の扉には千住の市場で仕入れるものが、父の字で白いチョークで殴り書きされている。

店の二階には働き手や居候の人の部屋が五つほどあり、無理矢理作ったような階段は狭くて急だった。酔っぱらって落ちた人もきっといたはずだ。

私が小学校に上がったばかりの一九七二（昭和四十七）年に、両親はここ山谷で商売を始めた。

それまでは浅草の住居の一階で中華料理店を営み、当時、東洋一の規模を誇った国際劇場の楽屋や大きなキャバレー、やくざの事務所へも出前に行った。濃い舞台化粧のまま休憩しているＳＫＤ（松竹歌劇団）の踊り子さんを見たくて、楽屋の出前には何度か一緒に付いていった憶えがある。

そのころの浅草には劇場や娯楽がいっぱいあって、今の外国人観光客でにぎわう浅草とはまた違った活気に満ちていた。まだラーメン店は少なく、店はそこそこ繁盛していた。そんな矢先、山谷に居抜きでいい物件が出た。そっちの方が儲かるという祖父の勧めで、住まいは浅草のまま両親は丸善食堂を始めることになった。

キリンラガー 樽生
うなぎ 六百
柳川なべ 六百
餃子 三百
HOPE

KIRIN
KIRIN

まぐろ刺身
いわし刺身
ほたて刺身
あじたたき
あまえび
とり貝刺身
いか刺身
さわら焼
アジフライ
さば焼
牛レバ刺身
グリーンアスパラ
まぐろぶつ
しめさば
数の子
シャコ刺身
いか焼
穴子天ぷら
もづく
ホッピー

15　泪橋の交差点にあった丸善食堂

キリン
ビール
丸善
KIRIN
LAGER
BEER
お食事処
キリンラガー樽生
キリンラガー樽生
日本堤三丁目
28

投げつけられたコップと一枚の写真

三十歳になった頃からフリーカメラマンとして活動していた私は、写真仲間から山谷の写真を撮るのを勧められていた。いつものようなやり方では撮れないことはわかっていたし、自分の内側から撮りたいという切なる思いも起こらなかった。

ただそれより以前のカメラをもち始めた二十四歳頃、店の手伝いをしながら何人かのお客さんを撮らせてもらったことがあった。後日、自分でプリントした六つ切りサイズのモノクロ写真を渡した。数人だったが皆、喜んでくれた。

調子に乗って撮っていたらある時、写真なんか撮るんじゃねえと罵声とともに、コップが飛んできた。コップは当たらなかったが、いきなりのことで動揺し、父にも二度と店で写真を撮るなと怒られた。

フリーになって三年が経ち、店の二階に暗室を引っ越して来て、作業の合間に店に顔をだした。撮影の仕事も忙しかったので、店の手伝いも久しぶりのことだった。客の一人が、昔私に写真を撮ってもらって、今でも大切にしているんだという。なんとなく見覚えのあるその人は、私が曖昧な記憶でいるのを察したようで、自分のドヤに戻って一枚の写真を持って来た。確かにそれは十年前にコップを投げられたころに撮った何人かのうちの一人だった。その人は写真のなかでも、写真を持っているその時も、まったく同じ笑顔を私にみせてくれた。なにげなく撮ったのにもかかわらず、その写真を大事にもっていて喜んでくれたことが、素直に嬉しく驚きだった。

その人は写真なんて縁はなく、まして大きくした写真ははじめてだったので、自分の宝物だといった。コップを投げて厭がる人もいるけれど、喜んでくれる人もいるのだなと知った。

また、二十代の頃に店を手伝っていた時には気づかなかったことがあった。私も酒場で呑むことも多くなり、自分も同じなのだが、聞こえてくるのは仕事や上司の愚痴だった。それはどこにでもある呑み屋の風景だろうが、丸善の客は愚痴をこぼすことはなかった。だいたいは一人で呑みにきていて、静かに呑む人もいれば、テレビの野球や相撲で盛り上がったり、話題になっている事件や世相をつまみに一杯やっている。なかにはインテリ風で私を見つけて文学や映画の話をしてきたり、新聞記者だったという九十近くの老人は、マスターからいらなくなった新聞の折り込み広告をもらい、裏に難しい漢字をびっしり書き連ねていた。ちなみにその老人だが、正月に店で餅を食べていたら、みるみるうちに顔が白くなり後ろに倒れてしまった。慌てて父が石油ストーブ用の給油ポンプの先を口に入れて、餅を吸い上げたら生き返ったことがあった。

日々のきつい肉体労働の後の至福のひと時、つまらない愚痴で大好きな酒が不味くなるということをわかっていた。

もう一つ、他の街の酒場と明らかにちがっていたことがある。それはおしなべて、誰もが過去を語らないし聞きたがらない。いや聞いてはならないのが、ここでは暗黙のルールだった。二十代の頃、うっかりお客に尋ねてしまったが、すぐに他の客が、色々あるから過去や生まれや家族のことは聞いちゃいけないよと、静かに教えてくれた。

とはいえ、何年も毎日のように通っていれば、なかにはママやマスターに愚痴や相談、故郷の話をする人もいる。父が千葉出身なので、千葉生まれの客は野球の長嶋など有名人が多いのを自慢して、母の生まれの茨城をバカにして楽しんでいた。

ある時、常連客ではなかったが一人ぶつぶつと言って呑んでいる面倒そうな人がいたので気をつけていた。むこうも、見慣れない私に何か言いたげな様子だった。すると私を山谷の新参者とみたのか、いきなり大きな声で、山谷はサイテーだ、よくあんたは来たなと言ってきた。すかさず隣で静かに呑んでいる人が、やめろ、わかっていることをいちいち口にするなとたしなめた。けんかになるかと思ったが、本当のことを言われ返す言葉も無く、うるさかった男は一瞬にして大人しくなった。なだめてくれた客の方が酒が不味くなったのか、先に出て行った。

ほとんどの人がひとりで呑みにくるのも、この街を際だたせている。だからここではコの字型のカウンターの呑み屋が多いのだ。ひとりで呑んでいても淋しくなく向かい合っていてもほどよい距離感があって、実によくできているカウンターなのだ。

山谷は比較的、東北、北海道の人が多く、西は飛んで九州、沖縄で、その間の人は大阪釜ヶ崎のドヤ街にいく。昭和の高度経済成長期に地方から出稼ぎできて、いつの間にか故郷に帰らなくなった人、結婚して家族がいる人もいたが、いろんな理由で、ひとりで生きている人がほとんどだった。そして日雇いの仕事が終われば、現場が都心でも途中下車することなく、まっすぐ山谷の街に戻ってくる。自分と同じひとりがいるこの街にだ。それぞれ境遇はちがえど、ここでは誰もがひとり、だからけんかはあっても、自分以外の他人にやさしい、やさしすぎるのは他人も同じ自分だから。

でも許せないことがあれば、ささいなことでも暴力的になり暴動がおこる。何も守るものが無く、身一つの人生なので、火がついたら激しいのだ。

山谷という街は、優しさと怒りが極端に強い街、自分と同じひとりがいる街、愚痴を言わず、過去を語らず、ひたすら酒を呑む男たち、滑稽なくらい最後まで、自分と生きた男たちがいた街。

昔から知っていたのに気づかなかった、こんな街はどこにもなかった。

ある日父に、店で写真を撮らせてくれないか、撮らせてくれるお客さんだけ撮りたいのだと、告げた。間髪入れず、怒鳴られた。これまでも、板さんや皿洗いのおばちゃん、店の二階の居候や下宿人、数人の常連さんらを二階にあげて撮影していた。私は丸善の店のなかだけで写真作品を撮れないかと考えていた。

お前は甘い、そんなに山谷が撮りたいのならひとりでやってみろと、父に怒鳴られ、はっと目が覚めた。確かに私は甘かった。山谷といっても両親のやってる丸善食堂しか知らなかったのだ。ここだけで山谷が完結するとした私があまりにもお気楽なバカだった。よるべない憤った男たちの魂がしみついたこの地は、そんなたやすいところではなかった。

それから何日もしないうちに、カメラを鞄に忍ばせて、私はやっと店の外の山谷の街に出て行った。

¥600

キリン生ビール

玉姫公園ではじまった屋根のない写真館

夕暮れ、店の手伝いで浅草から自転車を走らせる。吉原のソープ街のテカテカ光るネオンを横目に、吉原大門の交差点を渡ったあたりから、空気が重たく、沈澱していく。死んでいるように路上に倒れている男、べろべろに酔って人や物にぶつかりながら歩いている男、地べたに座って怒鳴り散らしている男が風景のなかに入ってくる。特に激しかったのは、城北労働福祉センター周辺やいろは商店街の入り口あたり、角にタイル壁の教会があるところだった。ここにはよそ者を拒絶し、男たちの憤った気が立ちこめていた。

その頃、さすがにここを自転車で通り抜けることはできなかった。

一九九九年夏、父に怒鳴られた三十三歳の私は、はじめて山谷の街をうろついた。いや、正しくは自転車に乗って、前のカゴにはカメラを入れたバッグを置き、しかし撮影するのではなく、いわゆるロケハンだった。いつも避けていたセンターやいろは商店街は、平日の日中でも男たちが何人か集まっていた。特にセンターのあたりは、ブルーシートのテントが目立っていた。バブルもとうに過ぎ、景気が落ち続け、日雇い仕事は真っ先にその煽りをうけ、仕事がある人はわずかだった。生活保護がもらえれば安いドヤ暮らしはできるが、そうでなければ路上生活を余儀なくさせられる。想像を超えて、ブルーのテントは多かった。

丸善食堂を挟んで向こう側へは行ったことがなかった。店の前の吉野通りを渡ると、山谷一規模の大きいドヤ『パレスハウス』がある。そのドヤとパチンコ店の間の道を入るとすぐ、露店のような呑み屋が三軒ほどあった。店の二階の暗室の窓から、赤い提灯の灯りに照らされて、酔っぱらいたちが呑んで騒いでいる様子をよく眺めていた。その時も日中にもかかわらず数人の男がいて、ちょっと自転車から下りた私に、ねえちゃん呑んでいくか〜と声をかけてきたが、ここでは普通に挨拶がわり。

その通りをさらに入っていくと、古い簡易宿泊所（ドヤ）が軒を連ねていた。蔦がからまったり、風情のある旅館のようなものもあれば、入り口に靴箱があるだけの簡素で殺風景なのもある。もちろん山谷にはドヤだけではなく、日雇労働者ではない住民の家も多い。大阪の釜ヶ崎は街全体が労働者の居住地だが、山谷は労働者以外の住民と共存している街だった。

ドヤ街を抜け、はじめて通る道でゆっくり自転車を走らせていると、見たことのない公園に出くわした。そこは年の暮れに越冬闘争や炊き出し、夏には祭りが行われると聞いていた知る人ぞ知る、あの『玉姫公園』だった。突如、現れた山谷の聖地を目の前にして、すぐ入るのは躊躇《ためら》われて、とりあえず公園の周りを一周してみた。隣には靴のこんこん市で知られている玉姫神社があった。鳥居も大きく立派だった。一瞬、ちょうどいい空きスペースもあり神様も守ってくれそうだから撮影場所をここにしようかと、安易に考えをめぐらした。

進んでいくと、公園の一角は金網で囲まれた砂地のグランドになっていた。その出入り口付近には、植え込みのなかや外に人が集まっていた。幾つもの輪ができていて、中心には将棋をさしている男たちがいて、その周りではギャラリーが見守っていた。見る方もやる方も一緒になって真剣で、私が近づいても気にもとめない。いい大人たちが日中から何人も集まって、将棋をしている公園なんてはじめて見た。今時、こんな平和でのどかな光景はなかなか見られない。

そしてここは、福祉センターより敷地が広いので、ブルーシートのテントはそれぞれ離れて点在し、センターのより大きく立派だった。大きな樹木も緑も生い茂り野良猫もたくさんいて、殺伐とした山谷の街で、ここ玉姫公園は唯一の憩いの場所だった。テントの住人ではなさそうな人たちも、何するわけでもなく、公園の隅に点々と間をあけて荷物を横に座っていた。

一周して最初の公園の入り口に戻ってくると、心は決まった。自転車を止め鞄をもって公園のなかに入っていった。すぐに、何人かいた男たちの視線を感じた。この見たことない女は公園に一体、何をしにきたのか、私の様子を窺っていた。私は山谷で撮りたいと考えている写真が、やっとこの場所で叶えられそうだ、そんな場所に出会えたことで頭がいっぱいだった。だから闖入者である私に向けられた視線など、どうでもよかった。ロケハンなので撮影場所をきめるべく、カメラを取り出してファインダーを覗いていた。その大胆な行動にすかさず、公園の隅にいた体のデカイ男が近づいて来た。

「姉ちゃん、ここで勝手に写真を撮っちゃだめだ、撮ったら女だって殴られるし、カメラもぶっ壊されるぞ」と、体の割には静かに言った。

そんなことは承知の上だし、これくらいのことでは全くびびらなくなっていた。それよりも、この男に私の真意をわかってもらうために、必死だった。

「私は無断で人は撮らないし、承諾してくれて、撮らせてくれる人だけを撮りたいんです。決して酔っぱらって倒れていたりするんじゃなく、ここで生きている人の写真をきちんと撮りたいんです、撮った写真は必ず渡します」と、一方的に捲し立てた。さらに「来週から週末の土曜、日曜、来て写真を撮ります」と付け加えた。

ここで引いては先がないと思い、男に口をはさむすきを与えずに、

「この公園にはテントもいっぱいあるし、皆、好きなように使っていて、公共の施設でしょ、私も自由に好きなことして、撮らせてくれる人だけを撮るんだから、文句を言われて

も来週から来ます」

と、言うだけ言ってやった。

するとその男は、「姉ちゃんわかった、なんかあったら言ってくれ」とだけ残して、座っていた場所に戻っていった。

すうっと体から力が抜けていった。すぐに私は来週からの撮影の準備と作戦のために、寄り道することなく、まっすぐ浅草の家に自転車を飛ばした。予想もしなかった用心棒もできて、踏み込むペダルも軽快だった。


ありがちな山谷の写真は撮りたくなかった。テレビや新聞の報道では、孤独や貧困、暴力や危険なイメージをかきたてる映像ばかりが、垂れ流されていた。それも虚像ではないのだが、あまりにもそればかりだった。

けんかをしたり、酔っぱらって路上に倒れていたり、暴動シーンだったり、山谷の男たちはそんな報道に嫌気がさし、辟易していた。だからカメラなどぶら下げて歩いていようものなら、カメラは取り上げられ壊されてもおかしくなかった。

背景も写らない、あえて山谷といわないと、どこで撮った写真かはわからない、山谷の男の顔、姿だけで、見る人が何かかき立てられるポートレイトを撮りたかった。山谷の男だけがもっている、もたされている生の証を写したかった。

だが思えば思うほど、それは簡単には写らないことに悶々としていた。被写体が放つ存在感をそのまま写すことが、まだ私にはわかっていなかった。とにかくやってみなければという一心だけだったが、カメラの前に立ってもらう人がいなければ話にならない。それでなくとも、山谷の男たちはカメラを警戒し用心深い。それでも丸善食堂の客で自分の写真を大事にしている人もいるのはわかっていたので、撮らせてくれる人は絶対いるだろうと、確信していた。

すぐに貼り紙をして宣伝しモデルを募集しようと思った。玉姫公園で初めて会った男に必死に伝えたことを書いてダンボールに貼って看板にして、街の何か所かに勝手に取り付けた。なるたけ丸善食堂から離れていて、父がバイクで通りそうもないところに。まだパソコンも手元に無い頃なので、筆ペンで書いたのをコンビニでコピーしてダンボールに貼ったものだった。そこには、男の肖像写真を切に撮りたいと思っていること、週末の土、日の十時から四時まで玉姫公園で本格的な写真撮影をするのでモデルを募集していること、撮った写真は大きくしてお渡しするし、無断でなにかに掲載することは決してないこと、を書いた。そして本名の多田裕美子も添えた。本名を出せば少しは信用してもらえて、いかに真剣であるか伝わればいいと思った。それに女の写真家だと、顔だけでも見にきてくれるのではと姑息な思いもあった、期待にはこたえられないけど。

すぐに撮影初日はやってきた。撮影機材は自転車で運べる量ではなかった。というのも背景に黒布を垂らすためのスタンドやポール、ブローニフィルムを使う中型のカメラを三脚につけて、あえて大げさな写真館風にするためだった。

車を使い、皆には見えない所、公園の十メートルくらい手前に止めた。約束の十時に訪れると、公園の入り口に一週間前に出会った唯一の知った顔の用心棒をみつけてほっとした。どうなることかと思ったが宣伝効果も少しはあったのか、初日から七人を撮影できた。

だが、公園の誰かが呼んだらしく警察がやって来た。私がお金をとったり商売しているわけでも、あやしくもないので連れて行かれることはなかった。しかし、何人か撮って、さい先がいいなと浮かれていたところだったので、やっぱり私はここでは招かれざる客なのだと痛感した。まだ始まったばかりでこれから先こんなもんじゃないのだろうなと、気を引きしめるには十分だった。

35　玉姫公園ではじまった屋根のない写真館

用心棒とマネージャー

玉姫公園をはじめて訪れた時に、最初に会ったのが中山さんだった。

「何かあったら言ってくれ」と言葉をかけてもらった時は、一瞬にして力が抜けて天にも昇るようだった。

「あの時の姉ちゃんは仁王像の顔をして恐かった、花札をやっている時の顔とはまるで違うな」と忘れた頃に、中山さんから言われた。

駐禁が恐いので車からタクシーにかえて公園に通うようにした。行き先を山谷というと、行きたがらないタクシーもいるので、吉原の先と伝える。その頃は聞かなくなってはいたが、以前は故意に車にぶつかって来て、金をせびってくる『あたり屋』がいて、タクシーはあまり行きたがらなかった。

やっぱりえらそうかなと思って、何度かは公園の手前で止めてもらっていたが、すぐに慣れると公園の正面につけてもらった。即座に公園の入り口にいる中山さんとその一派が、わっとタクシーに寄ってくる。撮影機材を下ろしてくれるのだが、ガタイのいい男たちがいきなりやってくるものだから、タクシーの運転手は慌てて去っていく。一度、財布をカメラバッグに入れたので、タクシーから下りて皆で荷物を下ろしていたら、ドアが閉まって、支払いもしてないのに行ってしまったことがあった。よほど驚いたのかもしれない。朝十時をちょっとでも過ぎると、昨晩呑みすぎたかと言って、中山さんにおこられる。

茨城は水戸の生まれで、兄弟全員、体が大きく格闘技一家。相撲部屋に入門した者もいるし、中山さんも重量級のボクサーだった。ボクサー時代に腰を傷めて、今でもその後遺症がある。そんな体で仕事はできず、生活保護をもらってアパート暮らしをしていた。何もしないわけにはいかないと、争議団の手伝いをしたり、毎日、公園にきて揉め事が起きないか監視している。山谷には珍しく、酒もギャンブルもやらない。

ガタイのいい中山さんが用心棒になってくれて心強かったのだが、その庇護の下にいると、ほかの人は近づいて来てくれなかった。それでは公園に来た意味はないので、積極的に自分から他の人に近寄っていった。

いつも公園にいる、ギャンブル好きのオリさんや酔っぱらいのケンさんと、花札や酒で盛り上がっていると、見かねた中山さんは、

「写真を撮りにきたんだろう、姉ちゃんは何をやっているんだ」と発破をかけてくる。

いろんな人の写真を撮るためには、一緒に呑んだりすることも必要なのだとかわして、たまには中山さんも花札でもやろうよと誘ってみた。私があまりにもしつこく誘うものだ

から、いつもは遠巻きにしている中山さんも、一緒になったことのない人たちに交じって何度か花札の輪に加わった。

「こんなもの何がおもしろいのか、ちっともわからん」と捨て台詞を言いながらも笑顔がこぼれていた。

ある時ひどく酔っている男が私をからかい、私も負けずに応戦していた。すると中山さんがやってきていきなり、その男の顔面にパンチが入った。一発だったが、顔から血を流してその男は大人しくなった。元ボクサーの中山さんを怒らせてはいけなかった。男は血を流しながらも立ち上がったからよかったが、こんなことで死んでもらいたくない。中山さんは俺がつかまればいいだけというが、そういう訳にはいかない。けんかをするのは勝手だが、私が原因でけんかになり、死んでしまったり刑務所に入ったりしてもらっては困る。写真を撮りにきただけなのだから、私なんかのために大事な人生をふいにしてもらいたくないし、私だって責任は負えない。

それからは、酔っぱらいを煽らないよう、逆なでしないよう、危なくなるまえに回避するように心がけた。被写体としては実に惹かれても、相手にできないとなれば、さっさと離れるようにした。すると、むこうもいつの間にかいなくなってくれた。中山さんもよっぽどのことがない限り手を出すことはなく、離れた所から見守っていてくれる。

そして写真館の閉店時間の四時近くともなれば側にやってきて、「さあ帰る時間だ、今日は何人撮ったんだ、さっさと帰れ、いつまでもここにいるんじゃない」と機材を持ってタクシーまで運んでくれる。腰を患っているのに、いつものことだ。

またある時、紙切れを渡された。「公園に写真学校の学生がやって来たから、ここには女の写真家の主がいて、毎週くるからわからないことがあったらその人に聞いた方がいいとアドバイスして、学生に連絡先を書いてもらった」と言う。いつの間にか、用心棒の他、マネージャーも兼ねてくれていた。

他にも長く山谷を撮っているドキュメンタリーの写真家や、フランス人のジャーナリストにも会った。外国にはドヤ街のように日雇労働者が集まっている場所はないので、山谷は特殊な街として取材に取り上げられていた。

玉姫公園には毎週末の二年間通って百二十人のポートレイトを撮影して、三年後の二〇〇二年に浅草で写真展を開いた。浅草だったら山谷から近いので、モデルになってくれた人たちに見に来てもらえるだろうと思っていた。間違いなく中山さんはやって来てくれる、公園でも毎日会っていたのだから。でも来ることはなかった。自分は場違いなので写真展の雰囲気を壊してしまうと、言っていたそうだ。

会場の一番先頭に中山さんの写真を展示していた。二回目に撮った、サングラスをして革ジャン姿の写真だ。最初に撮った写真の眼が優しすぎたが、でもこっちが本来の姿。優しすぎる故に、許せないことに激しいまでに怒り、激しすぎる怒り故に果たされなかった優しさ。怒りと優しさの塊のような人。潔癖すぎて共存できずひとりで生きている、ここ山谷は中山さんのような男たちが、誰にも何も言われず生きていける街だった。

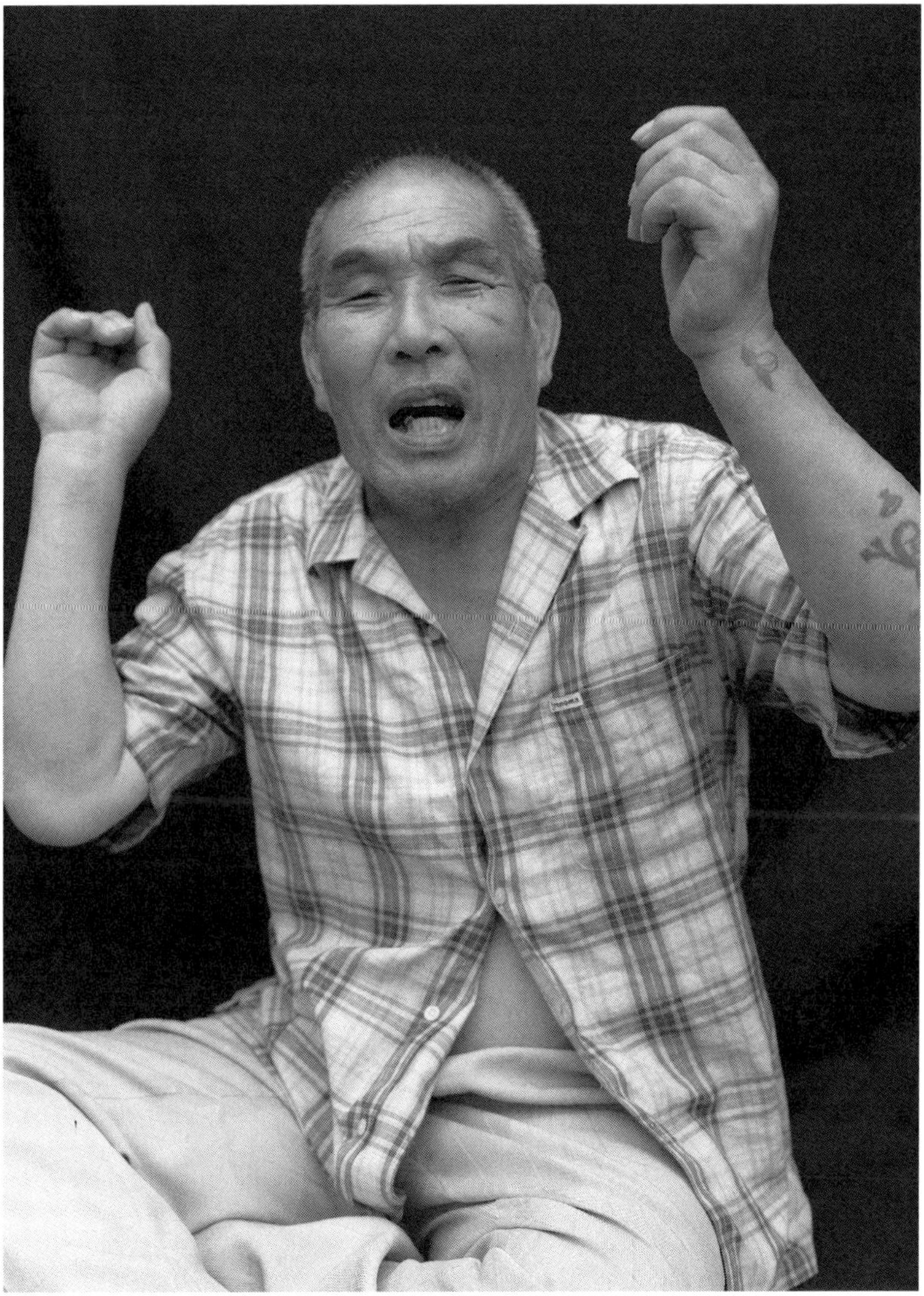

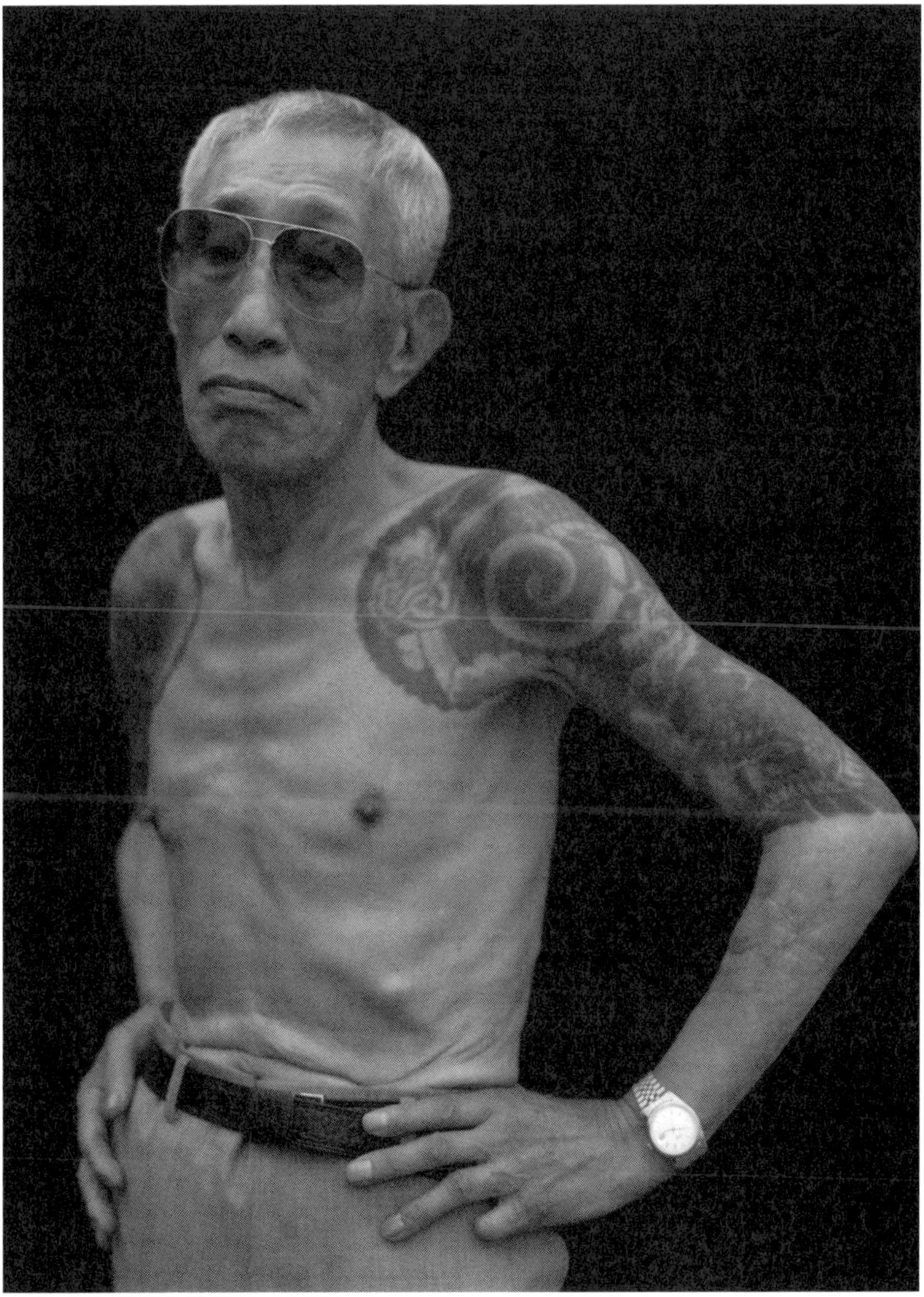

47　用心棒とマネージャー

朴訥男の報告

用心棒の中山さんと仲がいいタケさんも、もくもくと写真機材をかたづけたり運んだり、色々助けてくれた。

写真の掲示板を、ダンボールから半分に切ったベニヤにかえた。それをいちいち持って帰るのが面倒なので、タケさんのテントに預かってもらうようにしていた。

タケさんのテントは公園のグランドの金網にくっついていたので、それをそのまま利用して、おたまやざるなどの調理器具を引っ掛けていた。雨ざらしだが、おたまの向こうに野球少年の姿がみえた。

タケさんは手帳（日雇労働者被保険者手帳）を持っていた。それに働いた日数分の印紙を、雇用先からもらって貼っておく、一定日数分が貼ってあれば、仕事の無い時、給付金（アブレ手当）を受けられる。ある種の失業保険である。

タケさんはきちんと仕事をして印紙をもらっているが、他人が働いた分の印紙を安く手に入れるずるい人もいるらしい。

公園に通い始めて一か月、残暑も厳しいある日、いつも寡黙なタケさんが珍しく声をかけてきた。私の撮った写真を、北海道にいる九十歳の母に送ったそうだ。実家には二十年近く帰ってないタケさんは、送った後で実家に電話した。

「かあちゃんが、電話口で泣きながら喜んでいたよ」と、陽に焼けた顔がいっぱいにほころんでいた。でも顔色が悪いと言われたという。モノクロ写真だから、夏の強い陽射しの影になって、そう見えたのかもしれない。九十になっても母は、息子の体を心配しているのだ。すぐにカラーで元気な姿のタケさんを撮りなおした。それをまた母親に送っていた。

タケさんは自分で実家へ写真を送ったが、私はほかに四人の人に頼まれて、遠くの住所に撮影した写真を送ったことがある。元気に仕事をされています、と短い文章も添えて。四通のうち三通は戻って来てしまった。ほとんどの人が幾年も故郷に帰らず、連絡も絶っている。それでも写真を送って欲しいと言うのは、せめて元気でいるということを伝えたかったのだろうか。

いつも撮影が終わったら、次の週に六つ切りサイズにプリントして渡していた。リュックや紙袋の人には大きすぎて荷物になったかもしれない。証明写真と勘違いした人もいたので、後日、証明用のサイズにして渡した。

写真を渡す時にはじめて、山谷の男の写真展をやろうと思っていることを伝える。写真を公に出していいかどうか許可をもらう。

はじめは遠慮がちな私だったけど、ほとんどの男たちから返ってくる言葉は、
「なんでもあんたが好きなようにやってくれ、どうせなら篠山紀信みたいに写真集もつくれ」
と逆に勇気づけて応援してくれる。あんなに写真嫌いな人たちなのに、思ってもみなかった熱い声援が返って来た。許可をもらえるのは良くても半分くらいかなと思っていたので、驚くばかりだった。それでも後でトラブルになってはいけないので一筆書いてもらった。誰もが快く署名してくれて、住所やメッセージまで書いてくれる人もいて、思わず目頭が熱くなることもあった。

黄色くなった銀杏の葉もすっかり落ちた頃、まだうす暗い朝五時に公園に顔を出した。毎日（現在は土、日のみ）朝五時から七時まで公園の周りで開かれる朝市（通称ドロボー市）を見物するためだった。男たちは日雇い仕事に行く前に、仕事道具や生活用品をそこで仕入れるので、うす暗い時間から、ドロボー市は開かれていた。時にはブランドものも交じっていて数百円で売られていることもあるので、業者がもぐりできてたりもする。名前の由来からして、なかには盗品も紛れているようだ。私が行った時も、予想以上の露店の数に驚いたが、以前は公園を一周して、公園のなかにも出ていたそうだ。

市を見る前に、公園のいつもの場所に行った。銀杏の木の下に知った顔を見つけた次の瞬間、息が詰まった。数日前にはあったタケさんのテントが跡形もなく消えていた。タケ

さんの姿もない。しばらく前からタケさんは、仕事の疲れか体の具合が悪くテントで伏していた。まさか死んでしまったのではないかと悪い想像が頭をよぎった。

そこにいた知った顔の男は、ほかの人とは違って普通のキャンプ仕様のテントを張って生活していた。写真を撮らせてくれたこともなく、新宿に家があるとかで、何か曰くありげな人だった。でもいつもおだやかに接してくれて、その時も愕然としている私に声をかけてくれた。

「姉ちゃん、タケも色々あったんだよ、悪くおもうなよ、タケはこれだよ」と言って、両手をそろえて出した。タケさんというのは偽名で、北海道ではなく秋田出身。二人殺して逃げていた。もうすぐ時効だったけど、警察に連れて行かれたと説明してくれた。

しばらくは立ち上がることができず、涙でいっぱいになった。北海道の母に写真を送って、二十年振りに電話したことを話してくれた時の、タケさんの顔が忘れられなかった。何が本当なんだ。

もしかしたら私の写真でバレてしまったのではないか。私の写真ギャラリーに、私服警察官が指名手配者がいないか見に来ていると言う人がいた。冗談かと思っていたが本当だったのか。タケさんのテントに預けていた写真を貼ったままの二枚のベニヤ板も見当たらなかったから、警察が持っていったのではないかと思った。

私がやっていることは一体、何なのだろう、警察のためだったのか。重い気持ちで今日はもうこのまま帰ろうとすると、公園で知り合った朝市を出している人がやってきて、「姉ちゃん、写真撮ってくれよ」と言ってくれたのが、せめてもの救いだった。

はじめてその土、日は写真館を休んだ。そして十日振りに、公園に行った。

「姉ちゃん、久しぶりだな、ズル休みか」と、荷物を降ろしてくれながら中山さんはいつもと変わりないが、タケさんの姿はない。

「タケさんのことは聞いたよ」

と私が言うと、中山さんは、

「見舞いに行って来たけど、元気だったよ」

「見舞いぃ〜〜？　警察に？」

「墨田の方の病院だ」

二転三転する話に、私はその場に腰を落としてしまった。

タケさんは仕事による過労でしばらくテントで寝込んでいたが、容態が急変して救急車で運ばれた。いつもタケさんの周りをうろうろしていた相棒というか子分的存在の人がいた。私も顔なじみで写真も撮らせてもらっていた。その人がタケさんから預かっていたお金をすべて使い込んでしまった。始末がつかなくなり、私が聞かされた作り話をでっち上げて、公園にいる人にテントを壊させた。

写真を貼ったベニヤは、同じ公園の住人のオリさんが自分のテントで預かっていてくれた。あの日、朝市に行った時、確かオリさんにも会ったのに、ベニヤのことはなにも言ってなかった。てっきり私は警察が持って行ったのだと思っていた。

状況がつかめず、すぐにタケさんの見舞いに墨田の病院に行った。

ベッドの上のタケさんは、相棒の仕出かした一連の出来事はわかっていて、「退院したら、あいつを隅田川に浮かべてやる」と、息巻いていた。

なんであんなやつにお金を預けたのとは、さすがに病床のタケさんには言えなかった。でも、嘘でよかった。私が撮った写真を送って母親と電話で話したことを、嬉しそうに話してくれた時の笑顔は嘘じゃなかった。あ〜やれやれだった。

タケさんのテントを壊すのを手伝った人たちは、中山さんの監視の下、新築のテントを作っていた。おかげで私もテント作りを初めて見ることが出来た。床や骨組みもしっかりとしていて、あっという間に完成した。

そして、隅田川に浮かぶはずだった相棒も、性懲りもなく、いつのまにかまた、退院したタケさんの周りをうろつくようになっていた。

MEMPHIS
BLUE

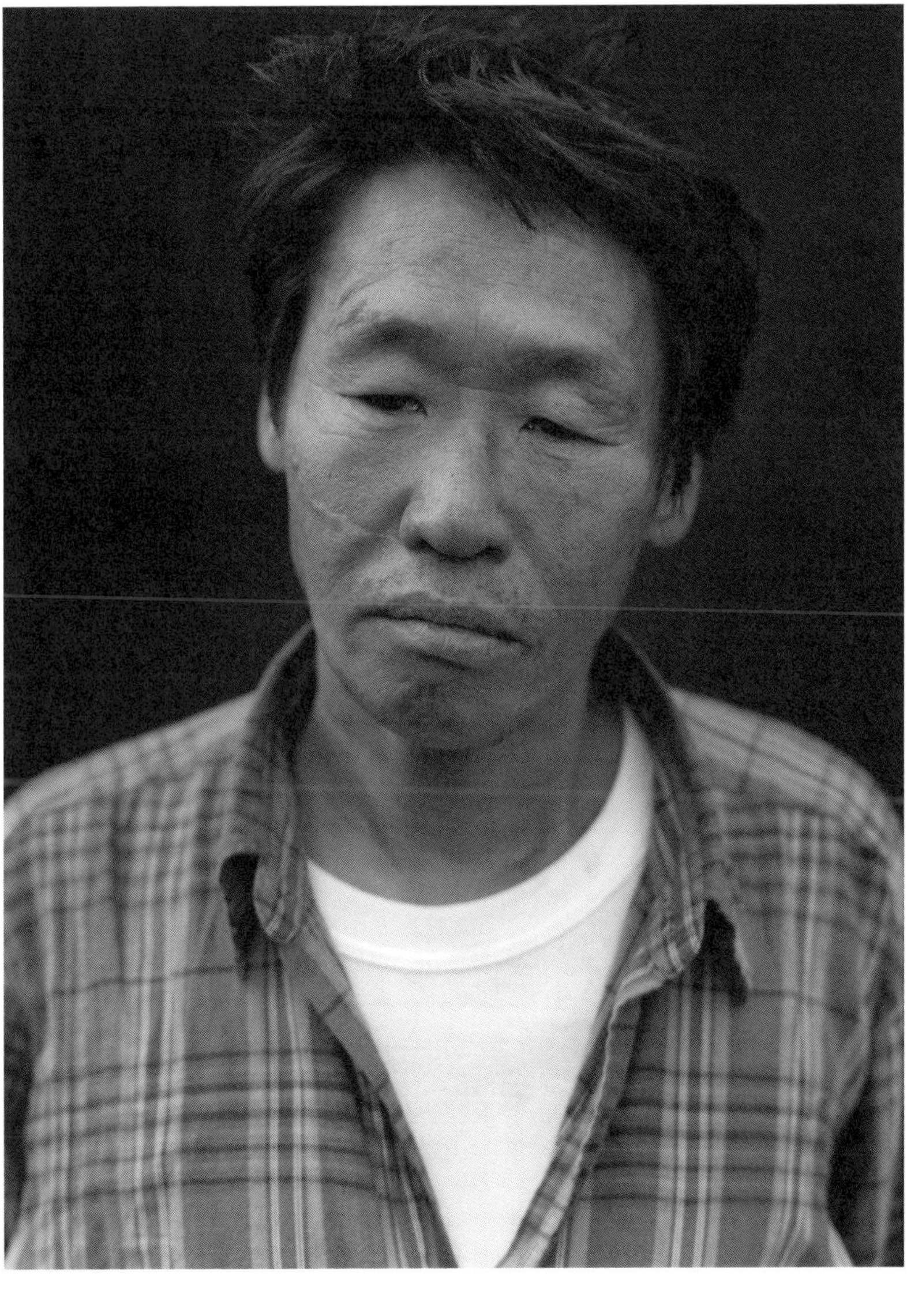

丸善のシャッターと映画

鉄柵のある店の裏口を出たすぐのところに電信柱がある。大学生の頃だった、たまにしか店に手伝いに行かないのに、いつも電信柱の下に真新しい花束が添えてあった。最初はここで交通事故でもあって亡くなった方がいたのだろうと思いこんでいたが、一年以上過ぎてもまだ置かれる新鮮な花束が気になり、ふと誰かに聞いてみた。

映画監督がそこで刺されて亡くなったという。それを聞いた時、日大映画学科を受験してみごとに落ちた自分には驚きだった。ネットもない時代、店のまわりの者に聞いても誰もその監督の名前を知る人も無く、皆まるで関心がなかった。

ある時、大学の友だちから『山谷《ヤマ》　やられたらやりかえせ』というドキュメンタリー映画を教えてもらい、その監督が製作半ばにして刺されて亡くなるが、引き継がれて完成したことを知った。すぐにあの電信柱が浮かんだが、その時の私はタイトルからして受けつけられず、あまりにも自分と近すぎたのか、映画を見たいという衝動が起こらなかった。

それから十年以上経ち、友だちから最近見たという映画『山谷《ヤマ》　やられたらやりかえせ』を薦められた。いつの間にか私はこの映画のことを忘れていて、すぐに丸ノ内線・中野富士見町駅で降りる小さい劇場にその映画を見に行った。

冒頭シーンで私は息をのんだ。始まったばかりで誰もそんな人はいないだろうが、すぐに涙でいっぱいになり、後のシーンはあまり覚えてない。それほど私だけには強烈だった。場面では日も落ち暗くなった山谷の路上で車が赤く炎上するのだが、そこはまさに両親の店の目の前。シャッターを閉めた丸善食堂が画面に映しだされていた。

私が高校生だったある日、いつものように十二時過ぎに帰って来た両親はいつになく疲れ果てていた。夕方から店の付近で激しい暴動が起きていた。店には客が一杯だったが、暴動に慣れていて誰も席を立とうとしない。あまりにも外が騒がしいので、表のシャッターを下ろして、なかではいつものように商売を続けていた。あげくの果てには車が炎上して、店に火が飛んでくるかとはらはらしたと、両親が口にしていたのを一瞬にして思い出していた。

外では活動家を中心に労働者たちと機動隊がぶつかり合い、画面には映ってないが、なかではいつもと変わらず商売する両親と板さん、なにがあろうともひたすら酒を呑みつづける人々。シャッターを隔てながらあまりにもいろんな人生があって、それが赤く炎上する火花と重なり、その一瞬に生きている人たちがただ愛おしく涙がこみ上げてきた。

映画の背景には、日雇い仕事を斡旋する手配師のやくざに対する闘争が存在し、新左翼運動の流れをくんだ人々が労働者側にたって作り上げたドキュメンタリー。製作半ばで佐藤満夫監督が店の横の電柱側で刺殺、その後を引き継いだ山岡強一さんも完成後まもなく銃弾をうけ亡くなった。

店には手配師も活動家もどちらも呑みに来ていたが、客としての金払いがよく癖がなかったのは手配師のやくざのほうだったという印象が私は強い。

63　丸善のシャッターと映画

在沖米海兵隊の砲撃演習粉砕！東富士演習場解体！
9・14(金)東富士現地デモへ
朝8時センター前で炊き出し→バスで現地へ
労働者人民虐殺の訓練を許さんぞ！
日米安保粉砕！野田政府打倒！
オスプレイ配備阻止！
オスプレイ拒否
東京・山谷日雇労働
でんわ 03-3876-

クール

アサヒビール
大衆酒場
山酔
新興館

母とカメラ

玉姫公園に通いだしてすぐのことだった。店から帰って来た母が珍しく私の部屋に入って来て、いきなり言った。

「今日、常連さんがゆみこ（私）みたいのが、玉姫公園で写真を撮っていて、名前が多田裕美子っていうけど、まさかゆみこじゃないわよね」と母は全く私を疑うことなく、いつもの顔で言う。

いつかはバレルと思っていたが、早かった。私は両親には反対されることはわかっていたので、内緒にしていた。もちろん公園でも、男たちに丸善食堂のことは黙っていた。

母は常連から私の本名を聞いたにもかかわらず、そこまで私がバカ娘とは信じたくなかった。

「お母さん、多田裕美子っていったら私しかいないでしょ、写真撮っているよ」

と私はさらりと答えた。一瞬にして母の形相は変わり、

「山谷での苦労はちっともお前にはわからない、もう二度と写真は撮るな」

と泣き喚いた。

「まだ始めたばかりでそれだけは出来ない」

と私はすぐに返す。

「なんてお前はバカなんだ、こんな物があるから」と言って、側にあったカメラを窓から放り投げようとするのを母から奪い取った。そのままカメラバッグを持って家を出た。

夜の十二時も過ぎてカメラだけ抱えて、裏の駐車場に止めてある車のなかにいたら、父が心配して帰ってこいと言っていると、妹が呼びに来てくれた。

そうっと帰ると、新聞から目を離さずに父は気をつけろとだけ言って、やめろとは言わなかった。

たまに父はバイクに乗ったまま、公園の外から偵察しているみたいで、

「おまえは写真撮ってないで花札ばかりしているな」

と言っていた。その通りだった。返事はしなかったけど、嬉しかった。

母とはそれからもしばらく口をきかなかったが、カメラを捨てられることもなかった。

そして私は、母が店に出入り禁止にしている人ばかりを公園で撮っていた。

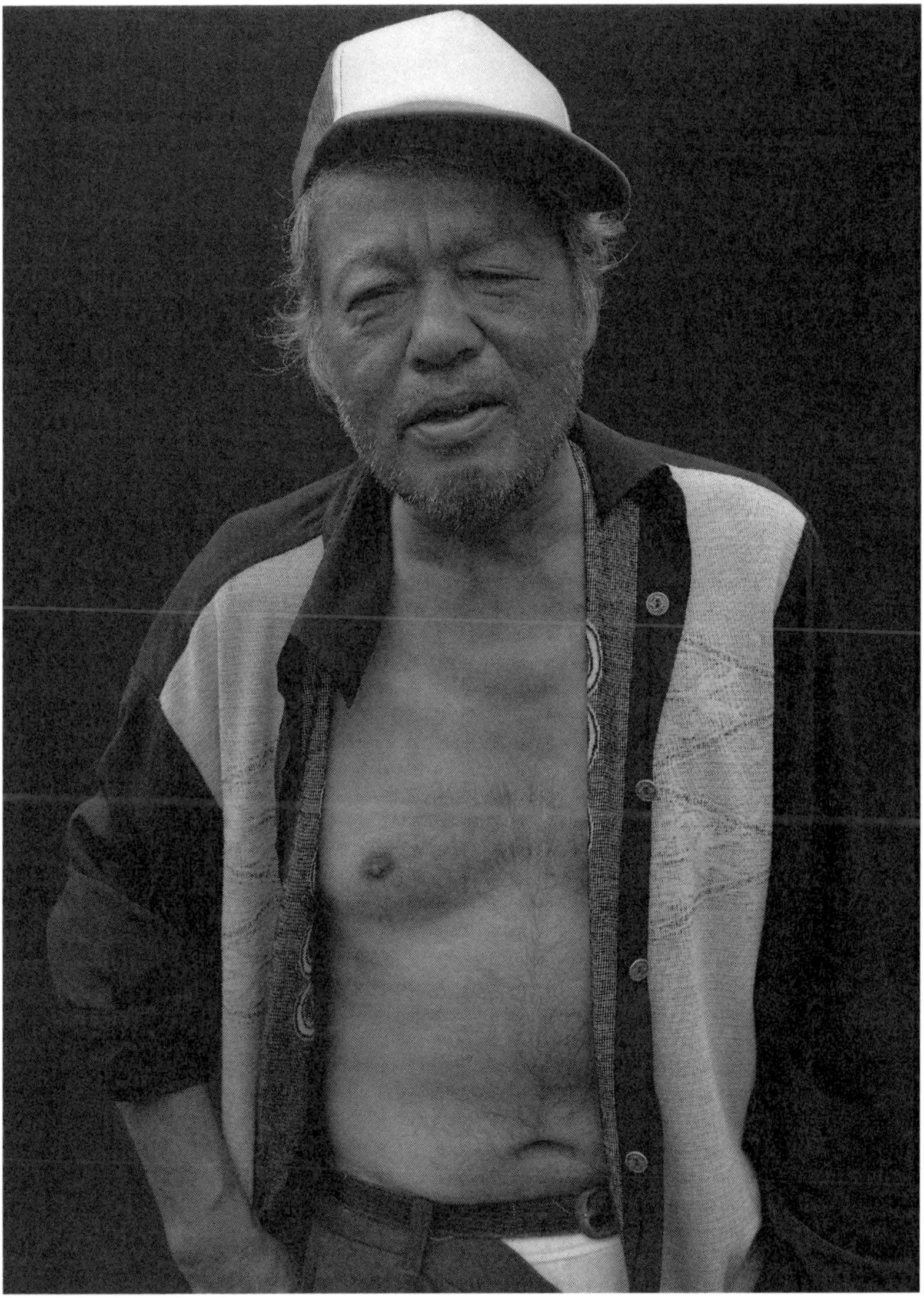

山谷ブルースを生きる男

いきなり現れて、写真を撮れと言ってカメラの前に立った。ファインダーから見た男の眼は突き刺すように睨んでいる。酔っぱらって威嚇している眼ではなく、一点を見据えて動じない眼だった。それまで見たことのない眼は挑んでいるようで、殴りかかってきそうでもあってひたすらシャッターを押し続けた。

あんなにファインダー越しの顔貌はこわかったのに、出来あがった写真には暴力性はまるで写っていなかった。

航空自衛隊に所属して空を飛んでいた男は、二十代後半で上官と揉めて飛び出した。山谷に来てから二十年近くになる。私が会った時は五十手前だった。一時は年上の女性と結婚していたこともあったようだ。

生まれは岩手で同郷の宮沢賢治を愛し、七人兄弟の末っ子だという。また末っ子かと思った。必ず確かめたわけではないのだが、山谷で会う男たちは末っ子の確率が高かった。三番、四番ではなく末っ子。何故かそれも七人兄弟が多かった。幼い頃は家族に可愛がられて、貧乏でも大事にされ甘やかされた子供時代があったのだろう。でも家に残ることは許されず、早くから集団就職や出稼ぎで東京にでてきた。山谷の男たちが人懐っこいのは、甘えん坊の末っ子が多いことも原因かもしれない。新宿のホームレスや、最近見かける若いホームレスのように、人から距離を置きたがる人は山谷には少ない気がする。

この岩手の末っ子も最初はシャッターの手が震えるほどこわかったのに、毎週のように顔を見せてくれた。皆からはりんと呼ばれていた。幼い頃から図書館にある、あらゆる種類の本を読み尽くしたそうで、私の写真を見ていると、作家のマグリット・デュラスを想起するのだという。

『山谷の闇と光』、りんさんは私が撮影した肖像写真をそうよんだ。彼は執拗に、なぜ背景に黒い布を使うのかと問うてきた。本当は白くしたかったのだが、背景に影をだしたくなかったし、何度も使うので汚れが目立たないために黒にしただけだ。お金があって助手がいたら、白にしていたかもしれない。そういえば一度助手ではないが、山谷に興味がある男友だちを連れて行ったことがあった。いつも近寄ってくる人たちが距離をつくって、写真は一人も撮れず、それからは行きたいと言われても断った。

話は戻るが単純な理由で黒い布にしたのに、りんさんはそれを『山谷の闇』だという。今になってわかるのだが、闇が深ければ深いほど、濃ければ濃いほど、光の輪郭もまた濃く、強く、現れてくる。私が山谷の男の生に心をかき立てられたのも、闇の中で放つ強い光に吸い寄せられてしまったからなのだ。

りんさんも最初は光を見る側だったのだろうか、いや、ちがうと思う。生来強い光をもっていたが故に、山谷という深い闇にひき寄せられてきたのだ。

私はデュラスの本は読んではいないのだが、濃い光の輪郭を描き、光そのものとなって生きた人なのだろうか。

りんさんが影響を受けた人物ということで山岡強一のことをおしえられた。先に書いた『山谷《ヤマ》　やられたらやりかえせ』の最初の監督佐藤満夫が、製作半ばにして刺殺され、その後を引き継いで映画を完成させた人だ。しかし映画が完成した一か月後、山岡も新宿の路上で射殺された。映画のなかで、労働者に仕事を紹介しピンハネする手配師を暴きだしたことで、やくざ組織から狙われたのだ。どちらの事件も組織からの仕返しだった。

りんさんが山谷にきた一九八〇年頃は、警察と労働者の運動団体の対立が激化していた。まさに山岡強一はその闘士として、先頭にたっていた。その時代は山谷の労働者の劣悪な状況からの解放を訴える運動の存在意義も大きく勢いもあった。

私がいつもどおり写真館を開いていたある日、マイクロバスが玉姫公園前に止まって、なかからおじさんたちがぞろぞろ出て来た。そしてぱらぱらと公園に集まって、拡声器を持った人たちに煽動されて、シュプレヒコールをあげていた。盛り上がることなく、見ていられなかった。後ろにいたやる気のない人に聞くと、成田で空港反対闘争があり、あちこちから集められ、その人も初めて参加したけど、まずい弁当だけで、他の団体のほうが豪華な弁当で酒もついていたと愚痴をこぼしていた。自分は闘争には興味ないが、暇だし弁当がもらえればいいと思ってついて行ったという。

二十年前の山岡強一らの頃とは、明らかに時代も運動の状況も変わってしまっていた。いつもは入れない玉姫公園のグランドでは毎年八月、夏祭りが行われている。一九六〇年代後半の社会運動が隆盛の頃は、岡林信康が来て歌ったこともある。二〇一二年から三年続けて、知人のカンカラ三線・演歌師の岡大介くんを見に、夏祭りに行った。私が初めて参加した十六年前の夏祭りより、露店もたくさん出ていて賑わっていた。岡大介くんは十一年近く続けてこの夏祭りに出ている。

十六年前の夏、いつものように写真を撮っていると、来週は夏祭りだから姉ちゃんもおいでよと誘われた。顔を出してみるといつもの公園とは様子が違って、夏祭りなのに、何か物々しかった。グランドの金網には所々、ブルーシートで目隠しがされていた。公園の前の通りにはパトカーや警察車両が何台も停まっているし、グランドや公園の外には男たちが、望遠カメラを持ったりしてうろうろしていた。公安の私服警官たちだ。私もいきなり警官に呼び止められて、委員長は来るのかとか聞かれ、全く事情のわからない私はただの写真屋なんですけど、と言うしかなかった。

夏祭りを運営している団体が、過激派と言われる新左翼党派の流れをくんでいた。そんなことも知らず、ただのお祭りと思っておじさんたちと楽しむ気満々で乗り込んだ。綱引き、パン食い競走、腕相撲、砂埃で真っ白になりながら、皆楽しんでいた。

陽が落ちる頃になると、ステージでカラオケ大会が始まった。十人ぐらいだったろうか、出場人数も決まっているので、早いもの勝ちだった。おじさんに引っ張られて、三番目にステージに上がって歌うことになってしまった。出られる人数が少ないのに恐縮したが、生来のサービス精神が疼いた。当時は古い歌もあまり知らなかったので、好きな越路吹雪の『ラストダンスは私に』を歌った。演歌が多いなかで、喜んでくれたようだった。

運営スタッフの多くが、公安に顔バレしないために、暑いのにもかかわらずマスクやタオルで覆面をして、遠巻きにして立っていた。若い女性も多く、大学以来、久しぶりに見た活動家スタイルに驚くばかりだった。なぜこの人たちは遠くから見ているだけで、おじさんたちの輪に入って一緒に祭りを楽しまないのだろう。いい大学に入学しながらも新左翼運動に身を置く、謹厳実直な人たちなのだろうか。他の人より年齢のいったマスクをしてない女性に、なんで一緒に楽しまないのですかねと尋ねてみたが、返事は返ってこなかった。

翌年、通勤客でごった返す都内のＪＲ駅前で女性活動家が刺殺された。山谷の運動にもかかわっている組織が枝分かれしての内ゲバだった。ふと、あの時私が話しかけた女性だったのではないかと思った……。

現在の山谷の状況は、労働者の街から福祉の街へとかわってきた。老齢化し孤立無援で仕事も無く路上生活を強いられる人々。生活保護を貰えていても長年の肉体の酷使によってけがや疾病で病院にも見放されている人々。今、山谷で必要とされているのは、食事や健康面のケア、寝場所などきめの細かい支援なのだ。ボランティアや介護など福祉の勉強をしている学生が、山谷には多くみられるようになった。

一九八〇年頃、山谷に来た二十代のりんさんは、山岡強一に魂を揺さぶられ、同志となり、闘争に明け暮れていた。当時すでに、学生運動も鎮静化していたが、山谷には労働者側に立って取り組むべき問題がいくらでも横たわっていた。『山谷《ヤマ》　やられたらやりかえせ』の炎上し暴動化する闘争の坩堝のなかに、りんさんの姿もあったはずだ。

それから二十年が経っても、りんさんはひとり、あの頃のままだった。同じ地べたに座って、自分よりもずっと年上の男たちとコップ酒を酌み交わし、故郷の民謡や山谷ブルースを歌っていた。りんさんの深いところで山岡強一が放ち続ける強い光が、りんさんの輪郭をより一層濃くしていた。結核を患っているが、療養所にじっと閉じこもっていられない、自分は山谷の路上があっているという。路上で死ぬのが本望だという。

二〇〇二年に浅草で開いた写真展には、毎日やってきては、ギャラリーの人達に説明し、案内役をしてくれていた。そして大きくプリントされた自分の写真の前に、椅子をもっていって、あくことなくいつまでもじっと見入っていた。

今でも忘れられないことがある。浅草の写真展の翌年、九州博多でも同じ写真展を開催した。羽田から飛行機で博多空港に着いて、空港ロビーを歩いていたら、りんさんが身なりのいい紳士と連れだっているのと、ばったりと出くわした。同じ飛行機に乗っていたのだ。りんさんが博多の写真展まで追いかけて来たのかと思ったら、全くの偶然だった。りんさんも呆気にとられた顔つきだった。その時、どうして博多に来たのか聞いても答えてくれず、とりあえず写真展の案内をして別れた。博多の写真展には来ることはなかった。偶然とはいえ不思議なこともあるわけで、ただ謎のままだった。

一昨年（二〇一四年）の夏祭り、あの博多空港以来、十二年振りにりんさんと再会することが出来た。確か六十代半ばになっていると思うが、十六年前に公園で撮った時とあまり変わっていなかった。博多空港で偶然会った時以来だったが、あの時のことは聞きそびれてしまった。

それより、りんさんの変わらない姿に再会できて、たまらなく嬉しかった。りんさんが、今から横浜に帰るのに千円貸して欲しいというので二千円を渡した。

祭りの後、お酒を呑み、ほろ酔い気分で夜道を歩いた。どこからか、コップ酒を呑んで、山谷ブルースを歌う、りんさんの声がした。

83　山谷ブルースを生きる男

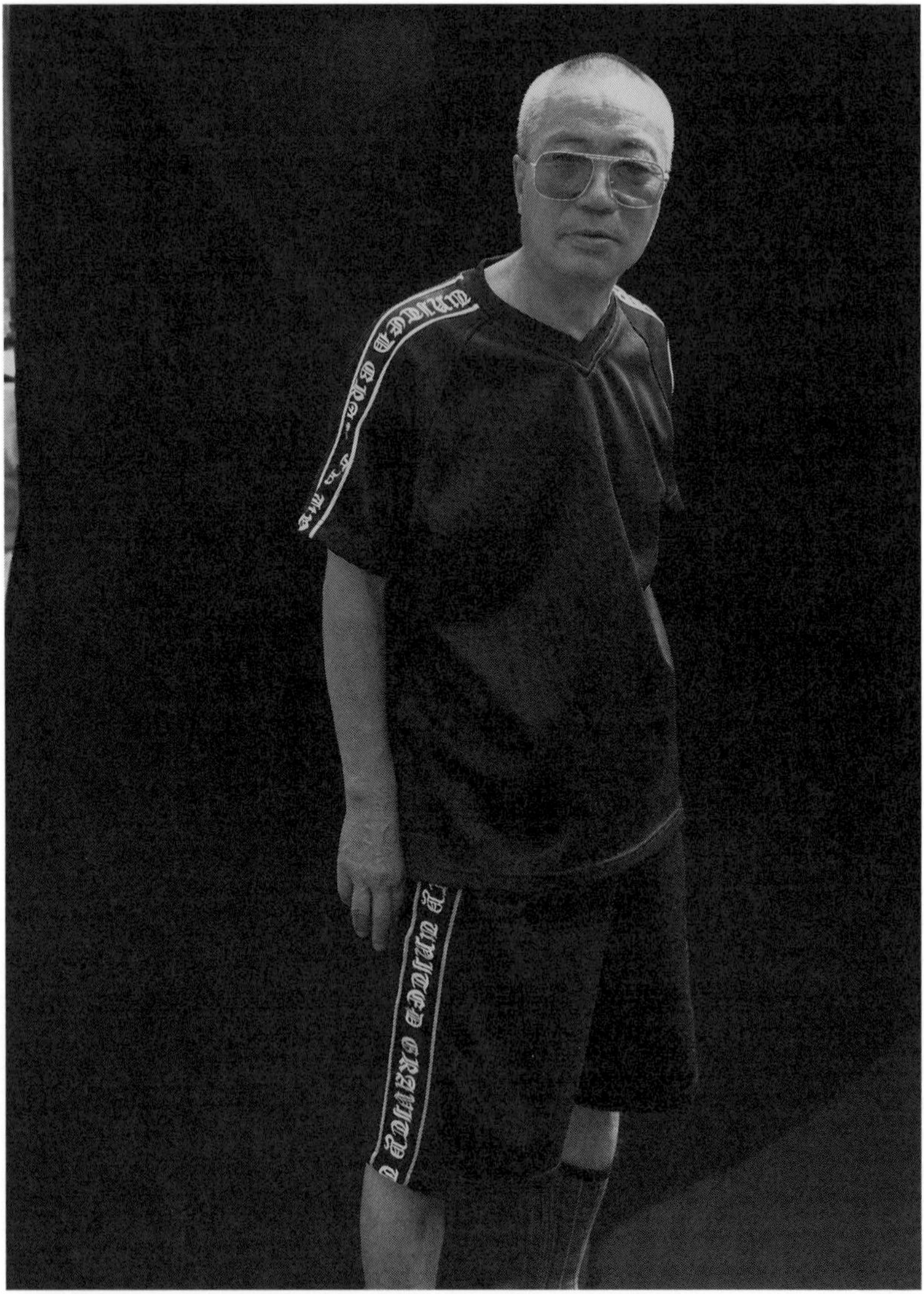

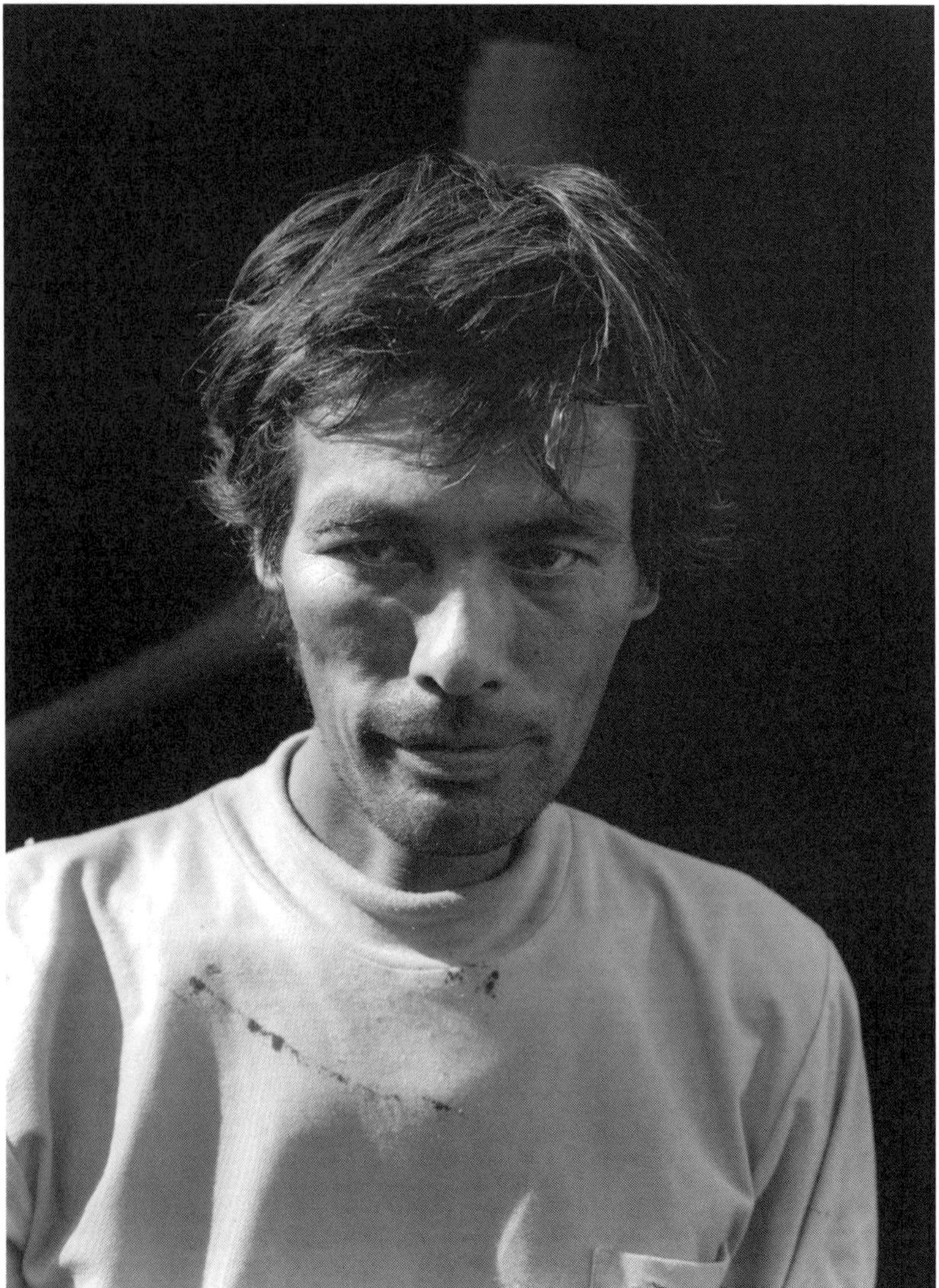

チャンピオンとにせもの

俺はチャンピオンだというおじさんが何人かいた。あしたのジョーのようにポーズをきめるが、どうみてもボクサーとは思えない。すでにアルコールのパンチをくらって足元はふらふらだった。

ある時、背の高いやや猫背の首にはスカーフをまいたおしゃれな男が、ポケットに手を入れてやってきた。一瞬、その場が静かになり、何人かいたおじさんたちがいつの間にか遠巻きになっていた。その男はベニヤに貼った肖像写真をしばらく黙って見ていた。

お金を取るのかと聞かれたので違うと答えた。男は撮ってもらおうかと言った。ファインダーから見た男の立ち姿が完璧なまでにカッコよすぎた。それはファッションモデルのような薄さはまるでなく、嘘のない佇まいだった。来たときからずっと同じ、左の手をポケットに突っ込んだままで、右は下に垂れているものの、人より長い腕がどことなく、カッコよさを際立たせていた。

たいした話もせずにその男が行ってしまうと、すぐに誰かがチャンピオンだよと言った。

チャンピオンはこの辺のボスで、元ボクサーのフェザー級のチャンピオンになったこともあるよと教えてくれた。

今度は本物だった。自称チャンピオンたちにはない、ぴんとはりつめた風格があった。それから随分と経ってからチャンピオンは、首輪をした猫を肩に乗せてやってきた。薄い色のダブルのスーツにネクタイをして、眼の横には小さな傷を作っていた。その時の写真は猫のほうが断然すごみがあった。

いつもおしゃれですねというと、若い頃の方がもっとよかった、有名人が集まる銀座のクラブ「姫」にもよく通ったよという。それから小声で、今はテント生活だけどねとつけたした。

日本フェザー級の王者を三度も防衛した、正真正銘のチャンピオンだった。あの長い腕から繰り出されるパンチは、そうとう相手を翻弄したにちがいない。

山谷で恐れられていたチャンピオンだったが、丸善食堂のママにはかなわなかった。酔うと癖が悪いとかで、出入り禁止にしていた。十三年前の浅草で開いた写真展に来てくれた時は、丸善のママとかち合いそうになり慌てたものだった。最近、風の便りでは浅草のアパートにいるらしい。

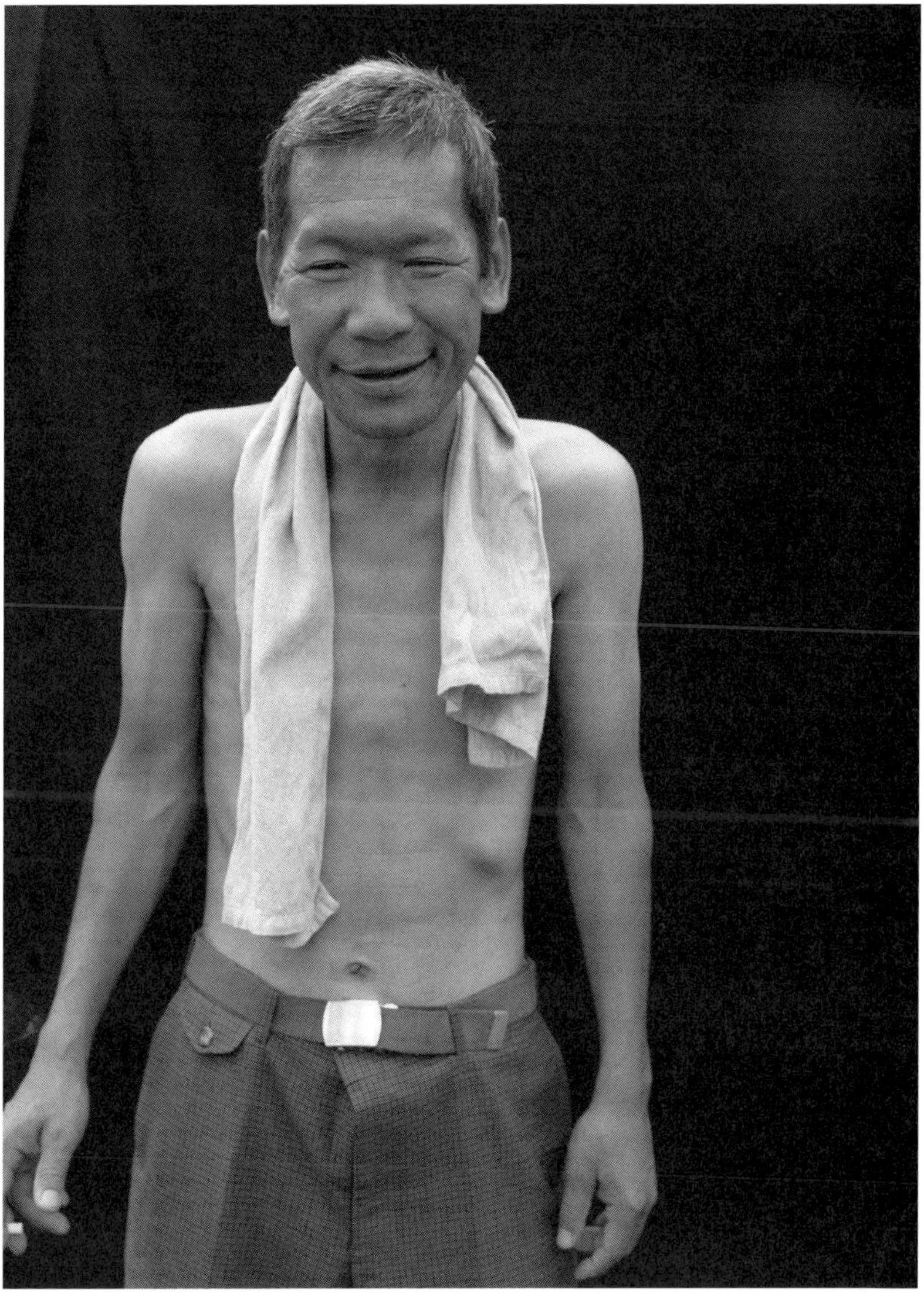

NYC
NEW YORK CLUB

メンズウエア
いろは会

南千住ハウス
南千住

エネルギー
を!
は
いらない!

パチンコあたりや

津軽の三味線弾き

俺はチャンピオンだったという人のほかに、昔、三味線弾きだったという人が何人かいた。もちろん本物もいたのだが、でまかせもいた。

山谷の男たちの憧れの存在として、ボクサーも三味線弾きも近くにいたのだ。あちこちに民謡酒場というものがあった。今は壊滅してしまったが、かつて吉原にも民謡酒場が軒を連ねていたそうだ。両親も店の常連さんとよく行っていた。

山谷に多い東北出身者で民謡酒場は賑わった。今みたいに、カラオケが普及する以前は、生の三味線に合わせて自慢のノドを競い合っていた。

昔は三味線を弾いていたという津軽弁の人がいた。三橋美智也と一緒に、全国を営業してまわっていたそうだ。どこまでホントかわからないが、三味線弾きだったことを、男の手が語っていた。体は小柄、手は大きいのだが、労働者のイカツさはなく、しなやかな強靭さをかんじさせた。左右の親指がそっているのが、はっきりわかる。公園でも三味線弾きのおとっつぁんと言われていた。

いつもワンカップの酒を呑んでいて、冬でも素足にサンダルで、つぶらな瞳で眠そうにしているのだが、民謡の話をしてくれた時は、その眼がかっと見開いていた。難易度の高い津軽弁で話の内容はほとんど分からなかった。何度かしつこく、三味線の演奏を生で聞きたい、公園で演奏会をしようと頼んだのだけど、今は手元に三味線がないとかで、実現することはなかった。

101　津軽の三味線弾き

自分のことを魔法使いといった男

写真館の一番最初のお客さん。かなり出来上がっていてふらふらで、黒布のなかにおさまってくれない。ラッパーのような重そうな金のネックレスを首からぶら下げ、色黒のラテン系の風貌で、髪は天然ではなさそうなクルクルのパーマ。何を言っているかさっぱりわからなかったが、「俺は魔法使いサリー」と何度か言っていたのだけはわかった。

最初にしてぶっ飛んでいる男を、私はなんとかカメラに収めるのに必死だった。

そしてなぜだかその言葉に反応してどこからやって来たのと聞くと、その男は空を指差すだけだった。天から落ちてきたような男は、いきなり黒布の前に現れて俺は魔法使いサリーとだけ言い残して、あっという間に消えるように去っていった。その後、一向に写真を受け取りに現れなかったので、何人かに写真を見せて魔法使いサリーを知らないかと聞いたら、「これはチビ山ちゃんだ」と教えてくれた。なんでサリーちゃんなんだろう、今度会ったら聞いてみるしかない。

再び姿を現したのはかなり経ってから。今度はまるで酔っぱらってなく、ぶあつい金のネックレスもつけてなく髪型もさっぱりと短く、魔法使いの要素は微塵もなかった。そこにいるのは写真とは全く別の控えめで、小さな声で会話するのもやっとの人だった。きっと、あの時のチビ山ちゃんは気持ちよく酔っぱらって魔法使いの気分だったのだ、そう言えばクルクルの髪型がサリーちゃんに似ていると、誰かにからかわれたのではないだろうか。サリーちゃん世代だとしたら、年齢も近いかもしれない。

この後、チビ山ちゃんに限らず、酔っている時とシラフの時とで振り幅が極端すぎる人に、何人も会うことになった。自分もちょっとはその口だが、ここまでの変貌ぶりには滅多にお目にかかれない。最初に撮影する時には、出来上がってやってくる。それに恰好もおしゃれに決まっていた。写真撮影のために、いつもより恰好良くしたはいいけど、シラフでいくにはあまりに恥ずかしくて、酒の力を借りて勢いづいてやってきたのだろうか。生来の自由人であるゆえか、殊の外おしゃれな人が多かったが、撮影を意識してわざわざ仕込んできた人もいたのだ。少ない手持ちのなかで自分の気にいっている恰好で、精一杯に決めてきたのだ。その時の私は目の前のことでいっぱいで、そんないじらしい男心は、ちっともわかっていなかった。

107　自分のことを魔法使いといった男

花札と銀杏

顔には何本もの皺、ねじったタオルを頭に巻いて、いつもニッカボッカ姿。でもよくみると首にはかわいらしいネックレスをしたり、アロハシャツが似合っていたりで洒落ている。小柄だが鋼のような頑丈な体をして、器用な手先をもった働き者。私はその男をオリさんと呼んでいた。

オリさんは公園でテント暮らし。こぢんまりとしたテントだが、几帳面に天井から袋をぶら下げて物を整理するなど工夫していた。昔は鳶《とび》をしていたらしいが、私が会った時はいろんな仕事を器用にこなしていた。使い込まれた大八車にダンボールを山積みしていたかと思うと、誰かが持ってきた自転車をばらばらに解体して、修理してまた元に戻す。

秋になって銀杏が色づく頃は、あちこちに行って銀杏の実を拾って来て、公園の土のなかに埋めて固い皮をふやかす。そして柔らかくなった皮を剝くのだが、匂いもきついが、その時の手は白くただれていた。そんなにまでして手塩にかけたオリさんの銀杏は、粒が大きく立派で美味しかった。知らないうちに私のカメラバッグのポケットに、銀杏がぱんぱんに詰め込まれていた。オリさんは毎朝、公園の周りで開かれる朝市（通称ドロボー市）にも店を出していて、銀杏は上野産と浅草産と書かれ一盛り五百円で売られていた。ブルーシートには銀杏の他、大工道具や生活用品が整然と並べられていて、オリさんの几帳面な性格が滲み出ていた。

オリさんとは撮影初日の五番目に撮影させてもらい、公園の住人なので行くたびに顔を会わせた。二回目の週末、撮った写真を展示したいというと、オリさんはどこからか角材や板を拾い集めて来て掲示板を作ってくれた。あまりにも立派なものをあっという間に作ってくれて、心底、嬉しかった。早速、最初の週に撮った十枚の写真を貼るとギャラリーらしくなり、まだ空いている隙間を埋めなければと気合いが入った。

しかし翌週行くと、掲示板はすっかりなくなっていた。唖然としていると、台東区の公園緑地課の清掃の人が撤去したと告げられた。私は信じられず、誰かがいやがらせで壊したのではないかと疑ったが、無いものは無いので、とりあえず代わりになるものを拾って来た。まだ展示する写真も少なかったので、しばらくは一回きりのダンボールに貼って展示していた。それも始まってすぐ撤去された。私の屋根のない写真館は、ギャラリーも併設していたのだった。立派な掲示板をオリさんが作ってくれたのがその始まりだった。

オリさんを一番際立たせているのはギャンブルだ。私の顔を見るなり、いっちょやるかと、挨拶代わりに誘ってくる。そしてテントに戻って、赤い座布団と花札をとってくる。それだけではない。お金がなければ、誰からか軍資金を調達してくる。すぐに貸してくれるものだなと感心してしまうが、それもまたすぐなくなる。おかげで、帰る頃になると私のズボンのポケットは小銭でふくれる。よく勝たせてもらった。私も公園に来る時は、テンションをあげ気合いを入れてくるので、おいちょかぶではオリさんには負けなかった。そして負けてばかりのギャンブルの神様は調子が出てくると、聞いたことのないメロディーで淡谷のり子のブルースをよく口ずさんでいた。

花札ばかりやって、どこの生まれとか、若い頃の話も聞けずじまいだったが、最近になって、浅草の路地裏でばったり出くわす。カメラを持っていたら写真を撮らせてもらうが、やっぱり話すことはない。あの時のようにしつこく、花札にも誘ってこない。私が公園に行かなくなったすぐ後に追い出されて、今はどこにいるかはわからない。でもオリさんだったら、人より突き抜けている生命力でどこでも生きていける。

ジャングルの奥地でも無人島でも。ただ花札は相手がいなければだめなので、やっぱりここがあっている。

ミラー装備の手入れの行き届いた自転車に乗って、ニッカボッカ姿で頑丈な体つきは、十六年前と変わらず逞しかった。

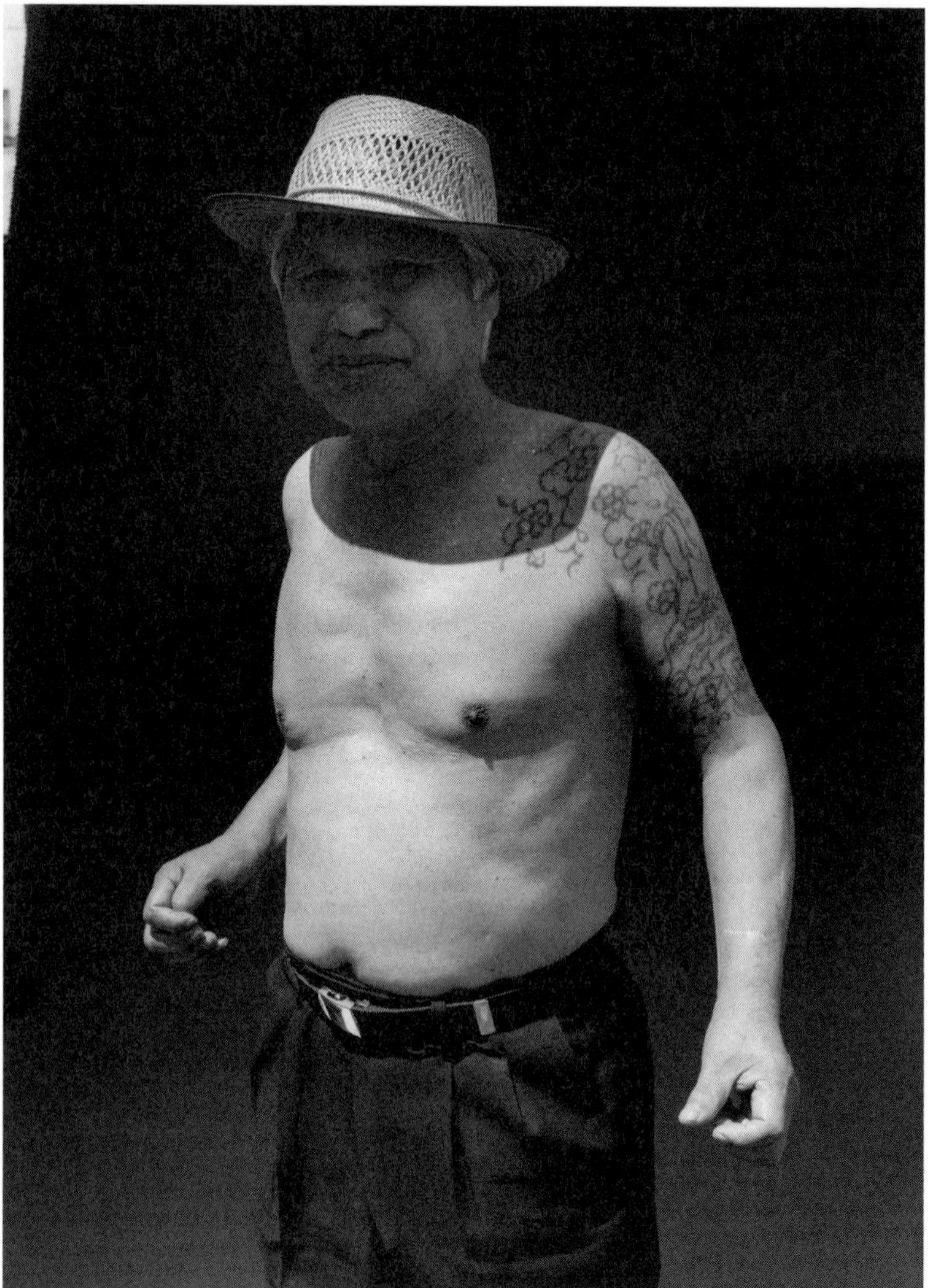

THANDER

落書きのような刺青

公園に来たばっかりの時から、気になって口説いていたのに、なかなか撮らせてもらえなかった。一度、撮ったら、それからは自分から、撮ってくれ、姉ちゃんも一緒に撮ろうとしつこく言ってくるので、今度は私の方が逃げていた。

いつも酔っぱらっているから、酔っぱらいのケンと呼ばれていた。仲良くなれば猫みたいに、まとわりついてくるのだが、最初は私を警戒していた。一度見たら忘れられない顔で、笑うと前の歯がないのがまたよかった。ガリガリの体で黒く陽に焼けた肌、細い腕には小さく『男一代』の刺青と、他にもピカソの絵のような幾何学的な意味不明な刺青がいくつもある。

公園の隅にあるケンさんのテントの屋根には、いつも野良猫が気持ちよさそうに日向ぼっこしている。テントの前には大きな石が幾つかあって、テーブルや調理台にちょうどいいサイズで、鍋や、やかん、まな板が乗っている。テーブルより低い石の上には、赤や緑の植物の植木鉢が幾つか置かれていた。たまにハサミを持って剪定している。

私が顔に似合わないねと言いながら、カメラのシャッターを押しても、いつものふざけた顔ではなかった。いつも酔っぱらっているわけではないのだ。

公園の一角にあるグランドでは、近所の少年野球のチームが練習している。金網越しにケンさんは、球を取り損ねた少年に野次を飛ばしながら、ずっと見入っていた。かなり以前にはこの金網もなく、グランドにも入れたそうだ。おじさんたちがこぼれて来た球を拾って、少年たちに投げてあげたり、野球好きの男たちがグランドで、キャッチボールをする姿もあったのかもしれない。

私の写真館のギャラリーの前では、オリさんが一人花札をしているし、ケンさんがサマーベッドで昼寝をしている。私は冗談交じりに「私の店の前で商売の邪魔をしないで」とからかうが、全く二人は動じない。ずうずうしいのは私の方で、後から来たのは私なのだ。植え込みに三本の銀杏の木があって、木陰を作ってくれるおかげで、真夏は強い日差しから守ってくれる。そのために私が来る前から皆、銀杏の木の下に集まっていた、そこに写真の掲示板を立てかけていた。

天高くまっすぐ伸びた三本の銀杏の木は、季節ごとに色を変え、いろんな顔を見せてくれた。あたかもその木はどこまでも自分の生を貫いた山谷の男の肖像のようだった。

何度かケンさんの写真を撮って親しくなった頃、荷物を載せるカートを持って来て、これと一緒に撮ってくれと言う。そしてその写真を姉さんに送るのだと言った。ある時公園に行くと珍しく、ケンさんが外出中で姿が見えない。帰る頃、ダンボールの箱を載せたカートを引きずりながら、ケンさんは公園に帰ってきた。

いつもより身なりがきちんとしていたので、「デートでもしてきたんじゃないの?」と突っ込むと、照れ笑いしながら五千円札を出して、写真代だと言う。返しても戻してくるので、有り難く頂戴することにした。

月に一度、ケンさんは実の姉にどこかで会ってくる。お姉さんからお金をもらい、手作りの弁当や洗濯した衣類をカートに載せて公園に戻ってくる。実家は千葉の市川で土地持ちの財産家だと、公園の誰かに聞いた。いい歳になっても末っ子のケンさんを気にかけて、お姉さんは月に一度弟に会う。

お金は三日で無くなる。皆、わかっているからたかりにやってくる。無くなればケンさんも誰かに借金することになるので、返済分もあって、やっぱり三日で無くなるのだ。

山谷にいることは姉さんには知らせてなく、上野のほうのアパートで暮らしていることになっているというが、ケンさんの嘘はバレていると思う。

写真は結構、撮らせてもらったし、いつも公園では顔をあわせていたのに、とうとうケンさんの昔話は聞けなかった。いつかはと思いながらもはぐらかされているうちに、ケンさんの過去はどうでもよくなり、目の前の憎めない間の抜けたケンさんの笑った顔を見ているだけで、十分だった。

「姉様、すっかり木の葉も落ち肌寒く、人恋しい季節となりました」

いつかテントを覗いたら、美しい字で書きかけの手紙があった。

落書きのような刺青ばかりで、それでも頼りなくも小さく『男一代』と入れた刺青が、騙すより騙されてきただろうケンさんの生の証に、いやケンさんそのものにみえてくるのだった。

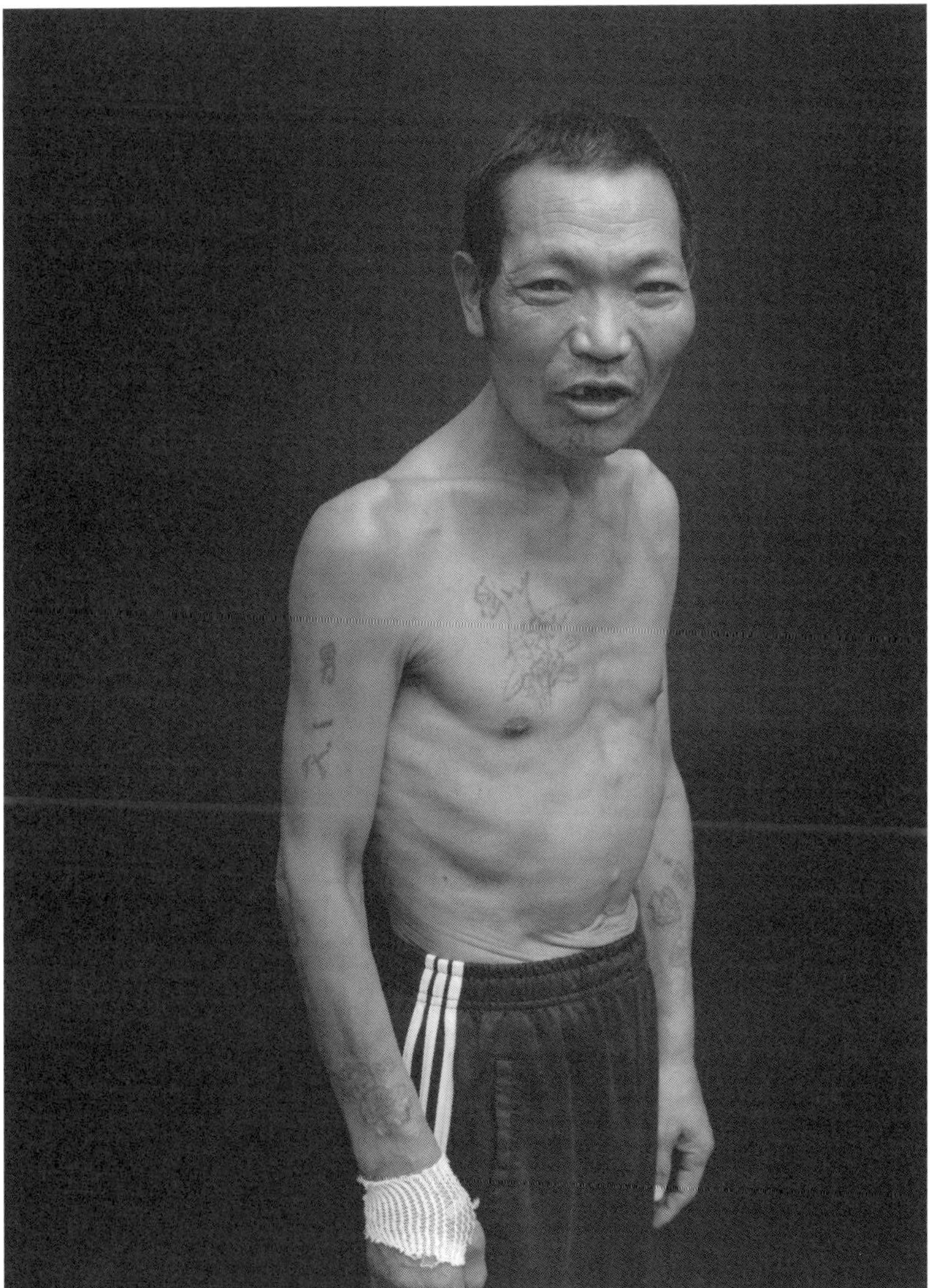

121　落書きのような刺青

123　落書きのような刺青

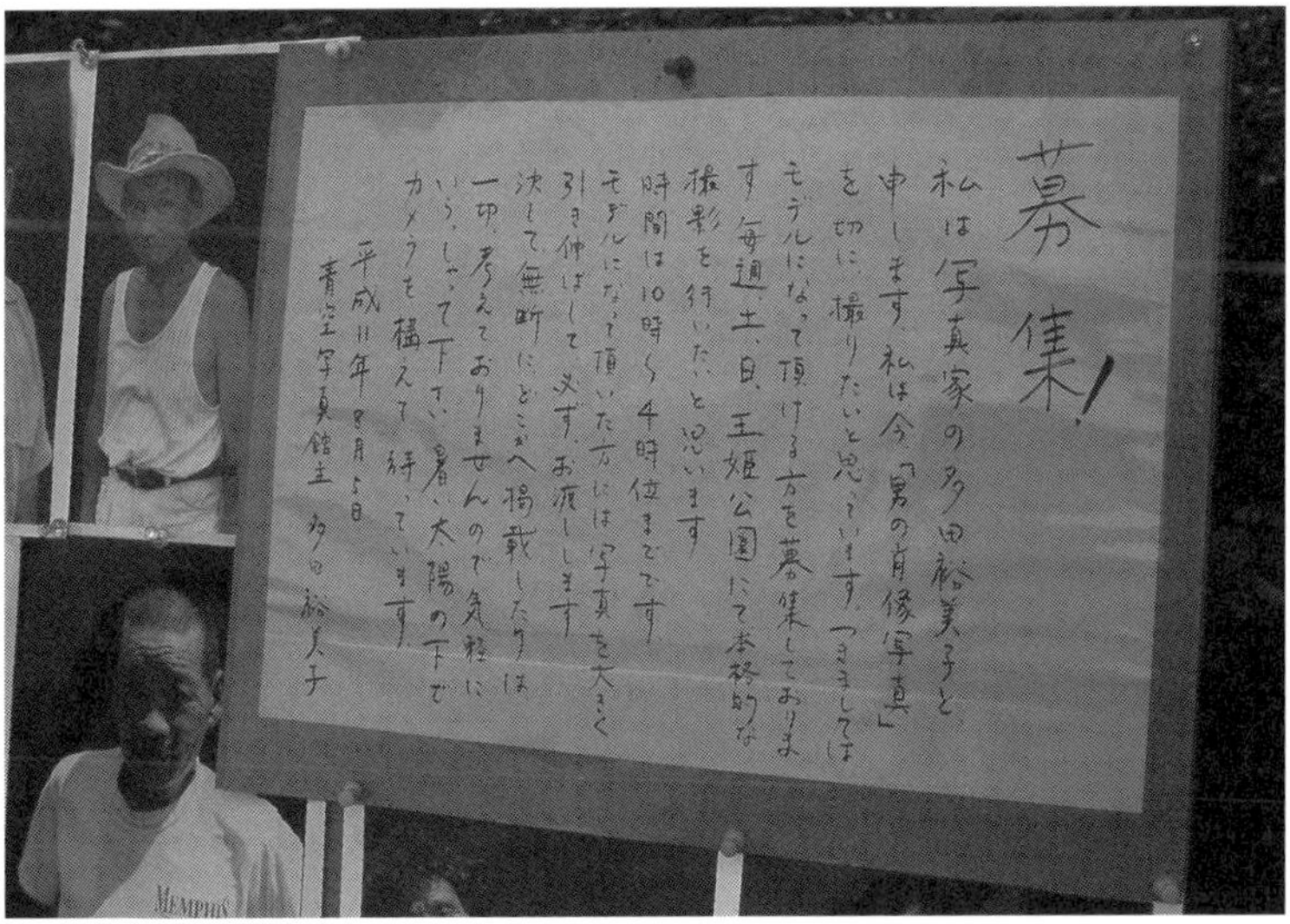
募集!
私は写真家の多田裕美子と
申します 私は今「男の肖像写真」
を切に撮りたいと思っています。つきましては
モデルになって頂ける方を募集しておりま
す 毎週土、日、玉姫公園にて本格的な
撮影を行いたいと思います
時間は10時～4時位までです
モデルになって頂いた方には写真を大きく
引き伸ばして必ずお渡しします
決して無断にどこへ掲載したりは
一切考えておりませんので気軽に
いらしって下さい。暑い太陽の下で
カメラを構えて待っています
平成11年8月5日
青空写真館主 多田裕美子

CABIN

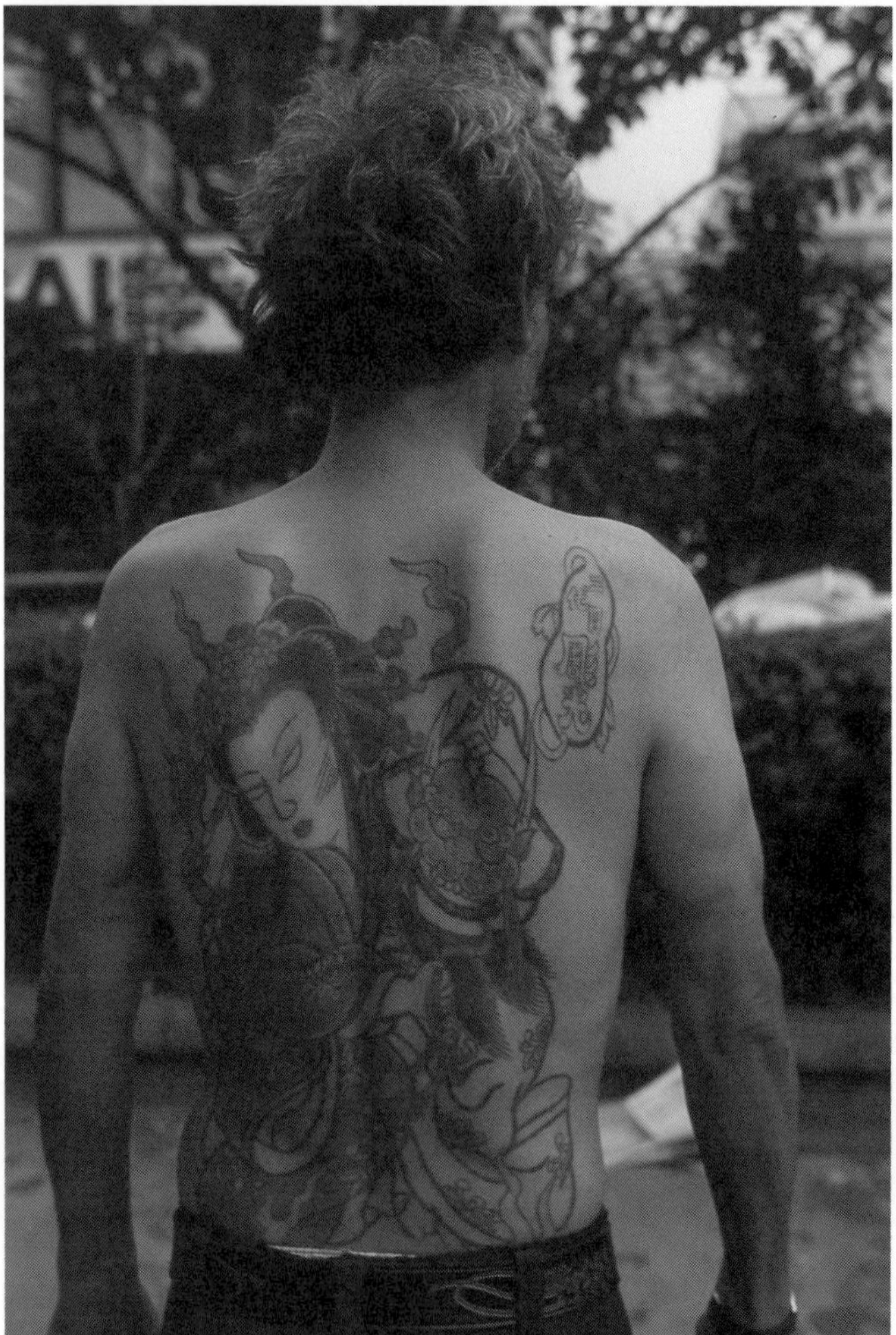

竹箒と地霊

誰に頼まれたわけではないのに、いつもほうきを持って公園を掃いている人がいた。初めて顔を見たのは、まだ寒い頃だった。大きな頭陀袋のようなリュックを背負って、デニムのジャケットを着て、スエットパンツに赤いシューズはアディダスだった。リュックもジャケットもキャップも、米軍の放出品のようで、おしゃれな若者が好きそうな物だった。洋服にこだわっている人なのかと思ったが、全くそうではなかった。でもおしゃれな若者より、あまりにも自然に似合っていた。

よく晴れた暖かい日、頭陀袋を枕にして木の下で気持ちよさそうに寝ていた。その姿は涅槃像のように神々しくもあり、屈託の無い顔は清々しく、しばらく眺めていた。

話をしても、何度も同じことだけを繰り返す。茨城の水戸で石の職人だったことを、石を彫る素振りをしながら、吃音交じりに、いつも決まってそれだけを言った。

体は小柄なのに、鑿をもって石を削ったり彫ったりするには十分なほど、分厚く、黒くごっつい大きな手をしていた。石の職人として生きてきた誇りが、その手に刻まれていた。

いつの間にか公園の住人になっていて、竹箒をもっては掃除している姿をしばしば目にした。あまりに熱心に掃除しているので、誰かに頼まれたのかと思ったが、そうではなかった。公園の新参者として気を使うタイプとは思えず、生来の働き者なのだろうか。ただ、ひたすらに竹箒をもって掃く姿は、赤塚不二夫マンガのレレレのおじさんみたいな人も本当にいるんだなと思わされた。

竹箒と言えば、昔、浅草に伝説的な人がいた。昭和四十年代、私が小学生の頃、髪は腰まで長く自然にレゲエスタイル、色も形も原形をとどめていない布切れの下から見えている茶褐色の肌、大人も子供も、その男を浅草ターザンと呼んでいた。そのまま劇団四季のライオンキングにでも出てきそうな姿だった。ターザンは一年中、歩道や車道との間の溝を竹箒で掃除していた。誰に頼まれたわけではないのに、黙々と、くる日もくる日も掃き続けていた。そしてターザンが去った後には一か所にゴミが集められていた。

誰かが掃除のお礼を渡そうとしても一切受け取らなかった。子供たちはターザンは何を食べているのだろうねと話していた。いつの間にか記憶のなかのターザンはジャングルにいる男のように筋肉隆々になっていた。実際は痩せこけていたのだろう。ターザンは東大出身で弁護士だったけど頭がおかしくなって今は乞食をやっていると、都市伝説のように言われていた。子供たちはターザンのおちんちん見ちゃったと言っては騒いでいた。ターザンがいるのがあたりまえの風景のなかで、会えた日は得した気分だった。

少年による路上生活者を襲撃する行為を山谷でも耳にする。テントを壊したり、抵抗できない寝ている人に石を投げたりして暴行する。

ボランティア活動の人たちは、傷だらけのおじさんたちに会うと、事情を聴いて、子供たちからやられたとわかると、近隣の学校に相談にいくそうだ。驚くことに、学校側は自分のところの生徒ではないといって、この非情な問題に向き合おうとしない。大人が自分たちの社会から、ふさわしくないと思う人を排除する行為を子供たちは見ている。子供たちは少しの悪気もなく、大人たちを真似て、自分より弱い立場のおじさんたちを襲撃する。

そんな子供に限って、自分の居場所がどこにもなく、ストレスを抱えているのではないか。大人も同様で、浅草、山谷界隈では東京スカイツリーのお陰で居場所をなくしてしまったおじさんたちが多い。一つの価値、秩序に土地が塗り変えられていく。土地は誰のものでもなく、誰のものでもある。それは自分の居場所が他の人の居場所でもあるということ。昔は路地で遊んでいた子供たちが、今は高層マンションの自宅で遊ぶしかなく、家に居場所のない子供たちは外に出て行くしかないのに、外にも自分たちの居場所がない。

浅草や山谷の地には、そこで生き死んでいった多くの魂が地霊となってしみついている。浅草ターザンも「石の職人」も地霊の番人だったのかもしれない。浅草の路地から路地、新たな自分の居場所の公園を、無心で、竹箒で掃き清めているその姿は、静謐な儀式だったようにも思えてくる。

STS

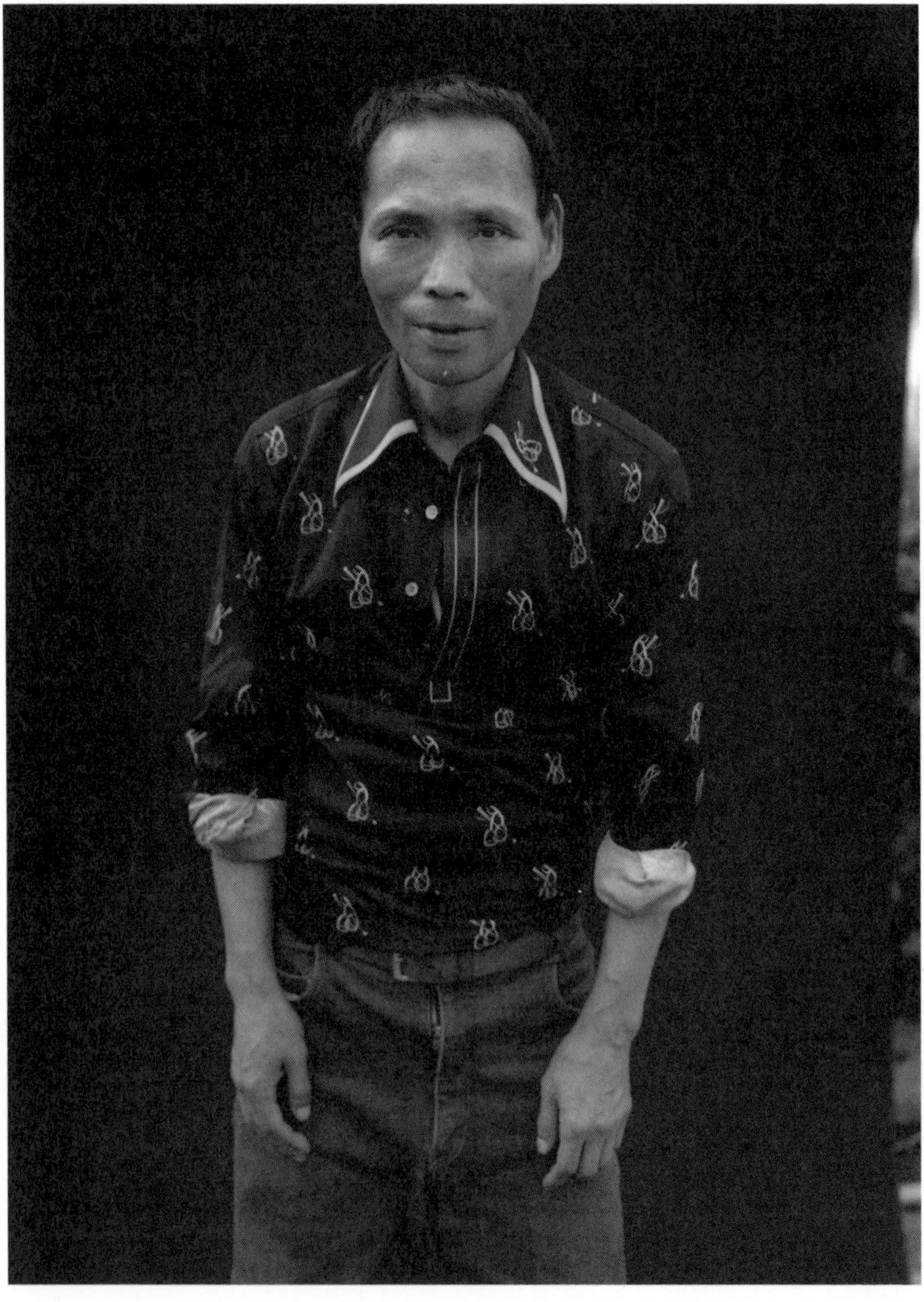

もうひとつの居場所とプライド

山谷の話からは脱線してしまうが、フリーランスのカメラマンとして独立したばかりの頃、まだ仕事もろくになく、知人の紹介でぽつぽつ仕事をしていた。プライベートでは周りにいる女友達のヌードのポートレイトを撮影していた。断然、女性を写すほうがおもしろかった。肉体のフォルムの美しさや質感のあやうさ、裸になった時の顔の表情や心情の変化、撮る撮られる関係のなかでイメージが深く広がっていく感じがした。当時ヌード写真は流行していた。書店に並ぶ写真集や雑誌でも女性が見てもかっこいい裸の写真に出会えた時代だった。

今まで見てなかった週刊誌のグラビアも見るようになり、仕事としてグラビア撮影がしたいという欲求がふつふつと沸きおこってきた。コンビニでは目を向けずにいた隅に置かれたエロ雑誌を買い、浅草の六区通りにある書店でもエロ本を何冊かまとめて買って帰った。じっくり選んで買ったわけではないがいろんな男性誌があり、エロ雑誌の多さに驚くばかりだった。どの雑誌も巻頭はグラビアページで飾られていた。風俗店紹介とともにお店で働く女性も載せている雑誌があって、編集部に電話して初めての営業をした。女性のカメラマンは珍しがられて、すぐに仕事をくれた。ただ現実は甘くはなく、夢にまでみたグラビア撮影ではなく風俗店取材だった。

いきなり最初からSMのお店で、ソフト系で出て来たM嬢を、下からのカメラ位置で撮影した。その日は他の店でも撮った全てが、下からのアングルだった。あがった写真を見ながら編集長にS嬢の女王様だったらいいけど、女の子はちょっと上目からのアングルで撮った方がいいよと言われた。自分とは違う生き方をしている女性と現場の空気にのみこまれ、自然に崇めて仰いでいたのだ。読者は一般男性なのだ。

それからは男目線を意識して、部屋の鏡の前でエロいポーズの研究に励んだ。グラビアを撮りたいという一心で飛び込んでみたものの、男が求めるエロが自分のなかには欠落していることを痛感した。風俗の現場に現実感をもって臨めるまでには時間が必要だった。

二十年前当時、風俗店は繁華街やそこから少し離れた住宅街のマンションの一角にまで増殖していた。外からではまるで窺い知れない強固なシェルターのように、閉ざされているような所もあった。中のしつらいはお店のサービス内容によって様々だが、空間にみあったタイプのベッドはどこにも必ずあり、床にじかにマットだけ置いたところもある。歌舞伎町の店などカーテンやうすいベニヤで仕切られた狭い空間に、デジタル撮影の今となっては考えられないが、ストロボを二台たて壁に背景用の布を貼って、ベッドの上で汗だくになりながら撮影をした。店取材の撮影はカメラマンが一人で行って、簡単なインタビューというかアンケート用紙にそって、女性に話を聞いてくる。短い時間に当たり障りの無いおきまりのアンケートだ。星座に血液型、趣味や好きな食べ物といったこと。初体験はいつだれとという質問でも、取材慣れしている女性は高校生の時、先輩や同級生と、と平均的な答えを返してくる。

たまに信じられないような性体験を平然と話す女性もいる。父親との性体験、よく聞けば血のつながりがなかったりするのだが。そんな娘《こ》は一人や二人ではなかった。見た目も話し方も普通の娘でも腕をみると、何か所もリストカットの傷があったり、知的障害や身体的障害をもっている女性もいた。初体験や性に関して幸せな体験をした女性は少ないように思えた。

彼女たちのように暴行や強姦に近い性体験をしたのなら、私だったら男性を相手にできなくなるだろう。性行為が精神的なつながりを感じられるものとは、全く相容れない行為になってしまったのだろうか、それと引き換えに性を切り売りできる風俗業への切符を手渡されてしまったのだろうか。

取材であったなかで忘れられない娘がいる。お店での源氏名はクルミちゃん。事前に男性の店員に彼女は聴覚障害があると教えられていた。ドアを開け、クルミちゃんにあった瞬間に障害のことは忘れ、私は何かあたたかいものに包まれてしまった。彼女のやさしいオーラに一瞬にして、癒され、天使のような笑みに偽りは感じられなかった。店に通ってくる男たちの気持ちがちょっと理解できた。欲望を満たすだけの場ではなく、仕事や人生でむしゃくしゃした時に、一瞬逃げ込みたくなるような場所だなと思った。

風俗嬢の自宅に突撃取材する連載を担当することになって、すぐにクルミちゃんのことを思い出し、家にお邪魔することになった。結局この連載も、店の宣伝になるご指定の娘《こ》を紹介するということで、クルミちゃんの場合は記事にはならなかった。連載のほとんどは風俗嬢の本当の家ではなかったのだが、クルミちゃんが暮らす家は聴覚障害者が一人で生活する場だった。一見すると普通の若い女性の家と何も変わらないのだが、音のない世界に一瞬、戸惑った。部屋には消音にされたテレビがあったがもちろんオーディオ機器はなかった。途中、宅急便の人がきた時に壁についているライトが突然、激しく光ってびっくりした。今だったらパソコンやスマホがあるのだろうが、二十年近く前のことなので、もちろんそれはなかった。女性らしい色使いの部屋は明るく清潔で、彼女が好きなイチゴをお土産にしたら、お皿に盛って出してくれた。カメラを向けるとイチゴを艶かしく食べてくれた。

筆談でのやり取りだったが、うっかり話しかけてしまうこともしばしばだった。家族の思い出話は一切なかった。生まれてすぐに施設に預けられ、ずっとそこで育った。親は障害を持って生まれた彼女を育てることができなかった。この仕事を選んだのは一人で生きていくためだけど、風俗の仕事は自分にあっていて好きだ、出会えてよかったそうだ。どうしてこの仕事が好きなのと書くと、お客さんが喜んでくれるからと。天使のような笑顔を見ると、ほかの質問はどうでもよくなった。

その笑顔が一人で生きるためのしたたかな仮面であったかもしれない、そうあって欲しかった。今生きている生身の彼女こそエロティックで、瑞々しく挑戦的でさえあった。闇などどうでもいい、裸で生きていいじゃないか、むしろクルミちゃんに風俗があってよかったと思えた。

二十年前の風俗取材の現場で見た危うさもあって、決して風俗業をすべて擁護するつもりはないが、特別な生を持たされて生きてきた女たちの居場所でもある風俗。ただ男たちの欲望の先にあるだけではなく、そこには確かなプライドがあった。

それから三年あまりで風俗取材を終え、男たちの居場所、山谷を撮り始めた。

Bireley's
Orange

祖父の背中と山谷

祖父の記憶はぼんやりしているが、歴代総理のうち田中角栄の顔が浮かんでくる。ちょび髭をはやし、鼈甲の眼鏡をかけ、指には蒲鉾型の大きな金の指輪をはめていた。戦中戦後と色んな商売をし、海千山千の人生だったという。酒も呑めないのに浅草のキャバレーに通っては、気前よくチップをやるからホステスによくもてて、両腕に連れて歩いていた。

母が嫁にきた当初、中華料理屋の一日の売り上げを祖父は横からもっていったそうだ。だが山谷での商売に関しては先見の明があった。

山谷界隈には江戸時代、処刑場や遊郭などがあった。ドヤ街（日雇労働者のための簡易宿泊所）としての性格を色濃くしたのは、戦後まもなくのことだ。東京大空襲で焼けだされ全てを失い、浮浪者になってしまった人々のテントができた。その後、テントをバラックに建て替え、やがて大部屋の宿泊所となった。その後、山谷は戦後復興、高度経済成長期とともに、地方から出稼ぎできた人々など日雇労働者の街になっていった。

戦争で何もかも失った祖父は、もって生まれた商魂逞しく、疎開した千葉の実家に家族を残して、浅草や山谷でいろんな商売をしたらしい。

家に残されたアルバムを見ていたら、一枚だけ他の写真とは時代を異にする写真が目に飛び込んできた。キャビネ判に伸ばした、明らかに素人ではなく写真屋が撮ったと思われる、古ぼけているが鮮明なモノクロ写真。二十人ぐらいの大宴会で、それぞれの前のお膳にごちそうが載っていて、皆、やや緊張した面持ちでカメラを見ている。手前のほうにいる父は小学校低学年だろうか、二つ上の兄とおそろいの丹前で、姉や兄や祖母もいる。反対側には村の衆や親戚が正装して座っている。誰もが一張羅の着物姿のなか、祖父だけが白いシャツでこざっぱりと、髭をはやしている。父の年から察するに、戦後一、二年の物の無い時代のはずなのに、お膳には幾つもの皿に載ったごちそうが手つかずにある。贅沢な大宴会の前に、わざわざ写真屋を呼んで撮影したのだろう。家に残った祖父の写真はたったこの一枚で、実の親子でありながら祖父のことを大嫌いだった父が、どっかのアルバムから剝がしてきた写真。まさに祖父の人生がここに焼き付けられている。

祖父は東京で畳を売ったりして大金を手にすると、千葉の実家で近所の人や親戚縁者を招いて大宴会をしたそうだ。派手なことが大好きで村の人たちに自分が東京で成功しているところを見せびらかしていた。大金が入っても出ていくのもあっという間だった。

いろいろやった商売のなかでも、山谷ではじめた飲み屋は他のアブクのような商売よりは地道だった。早いうちから長女が手伝わされ、最終的には、千葉の実家で暮らす祖母と長男以外、子供たちは高校を卒業すると、東京に出て来た。そして、それぞれ店をもって独立していった。私の父もその一人だった。

中華料理屋をやる前の父は、祖父の運転手役で、高島屋デパートで妾にやる装飾品を買う時の送迎までやらされた。母親っ子の父は、運転をしながらも祖父とは、ほとんど口をきかなかったらしいが、店を持たせてもらうために運転手の仕事に耐えていたのだろうか。それとも、はったりで生きてきた祖父に、少しは憧れもあったのだろうか。祖父は、いつからか千葉の実家にいる本妻のもとには戻ることが全くなくなり、山谷で死ぬまで妾と暮らしていた。

敗戦後の日本には、食べていくのに必死な半面、祖父のように一発逆転の野心を抱

えて生きていた男たちがいたのだろう。

祖父からはじまった一族の山谷での商売は、父の兄弟たちもすでに始めていて、中華料理屋よりは稼げることをわかっていたから、父の開店も話は早かった。とはいえ住居は変わらず浅草のままで、父も母もそれぞれバイクと自転車でせっせと店に通っていた。

だんだん翳りをみせていく山谷だが、昭和四十年代は絶頂期で、日雇い仕事はいくらでもあった。地方から出稼ぎできた若い男たちは建築業の担い手となって、我も我もと日々の仕事にありついた。建築現場の重機も乏しい時代、日雇い仕事の労働力は都心に次々とビルや道路、地下鉄を出現させていった。そして寝泊まりするドヤの街・山谷に戻れば、きつい現場仕事の代価として、男たちは酒でその身を癒していた。

DAZZMAN

Camel GP

丸善のママと出入禁止

まだ三十もそこそこだった母は、酒を浴びて勢いづく男たちを相手に、毒づかれても負けてはいなかった。何かあれば厨房にいる父が飛んでくるが、ホールは母ひとりだけの戦場といえた。客にとっては女っ気のない乾いた街で、丸善のママの存在はひと時の潤いだった。

幼い頃の私たち姉妹は店にには近寄らせてはもらえなかったが、何度か訪れたときに厨房の奥から恐る恐る見た母は、いつものおだやかな顔ではなかった。父より強そうな男たちのなかでつけ入る隙を与えないように脅威を放っていた。自分の手の届かないところにいるようで、子供心にもぽっかりと喪失感のようなものを抱いた。屈託の無い妹は、ホールに行ってお客さんにお小遣いを貰ったりして可愛がられたが、私は働いている母の姿は見たくなかったので、自分からは店に行くことはなかった。

当時、山谷は暴動の街として世間では恐れられていた。六〇年安保闘争を経て労働運動、学生運動も盛んだった。大阪釜ヶ崎も同じだが、山谷も左翼運動の流れをくむ人たちが労働者側にたち、待遇改善や日々の扱われ方の不当性を訴えた。そしてそれはこの街では時に暴力をともなった。きつい日雇い仕事の鬱憤や酒が入ったうえでのやけっぱちから、千人以上の労働者がマンモス交番（山谷の唯一の交番）めがけて投石がはじまる。パチンコの出が悪いとか、青果店のスイカが腐っていたとか、ドヤの管理人や飲み屋の従業員の態度が悪くてけんかになって警察に不当に扱われたとか、それはささいな事から始まることもあり、あっという間に火がついて暴動が起きる。

背景には日雇労働者への差別や過酷な労働実態があり、それに取り組む運動があったのだが、なかにはわけもわからず暴動に加勢する人もいて、一度暴動が起きると、千人、二千人と膨れ上がり、何日か続くこともあった。テレビや新聞の報道でも取り上げられたから、一層、山谷が物騒でこわい街として一般に定着していった。

小学校の頃、友だちや大人から「家は何屋さんなの」「どんな商売なの」とか聞かれるのがたまらなく嫌だった。両親は飲食業と答えろというのだけれど、そんな曖昧な答えは子供には通じない。食堂と答えると、「お店はどこにあるの」と突っ込みがくる。山谷で商売をしていることは言ってはならなかった。ある時、学習塾で先生だったか友だちかに聞かれ、不動産屋と精一杯の嘘をついたのを今でも憶えている。両親が物件か土地の話でもしていたのかもしれない。

母は山谷のマドンナと慕われながらも、丸善のママは厳しく恐い存在と思われていた。

隣同士にさせたら諍いがおこる人たちは遠ざけて座らせ、お金をもってない人や癖の悪い人は、扉を開けた瞬間にきっぱりと入るのを断っていた。なかには何度も母に断られた腹いせに、いきなり入口の扉を開けて店のなかに向かって「このくそばばあ〜」とだけ叫んで、扉が壊れそうなぐらい勢いよく閉めていく人もいた。そんなことを母は全く意に介さず、好きなテレビの歌謡番組に目をやっている。初めてその場に出くわしたときはショックだったが、そこには幼い頃に見た母とはちがって、いつもと変わらない丸い背中になっていた。年月を経て、私の知らないところで辛苦を味わった図太さとやさしさがそこにはあった。

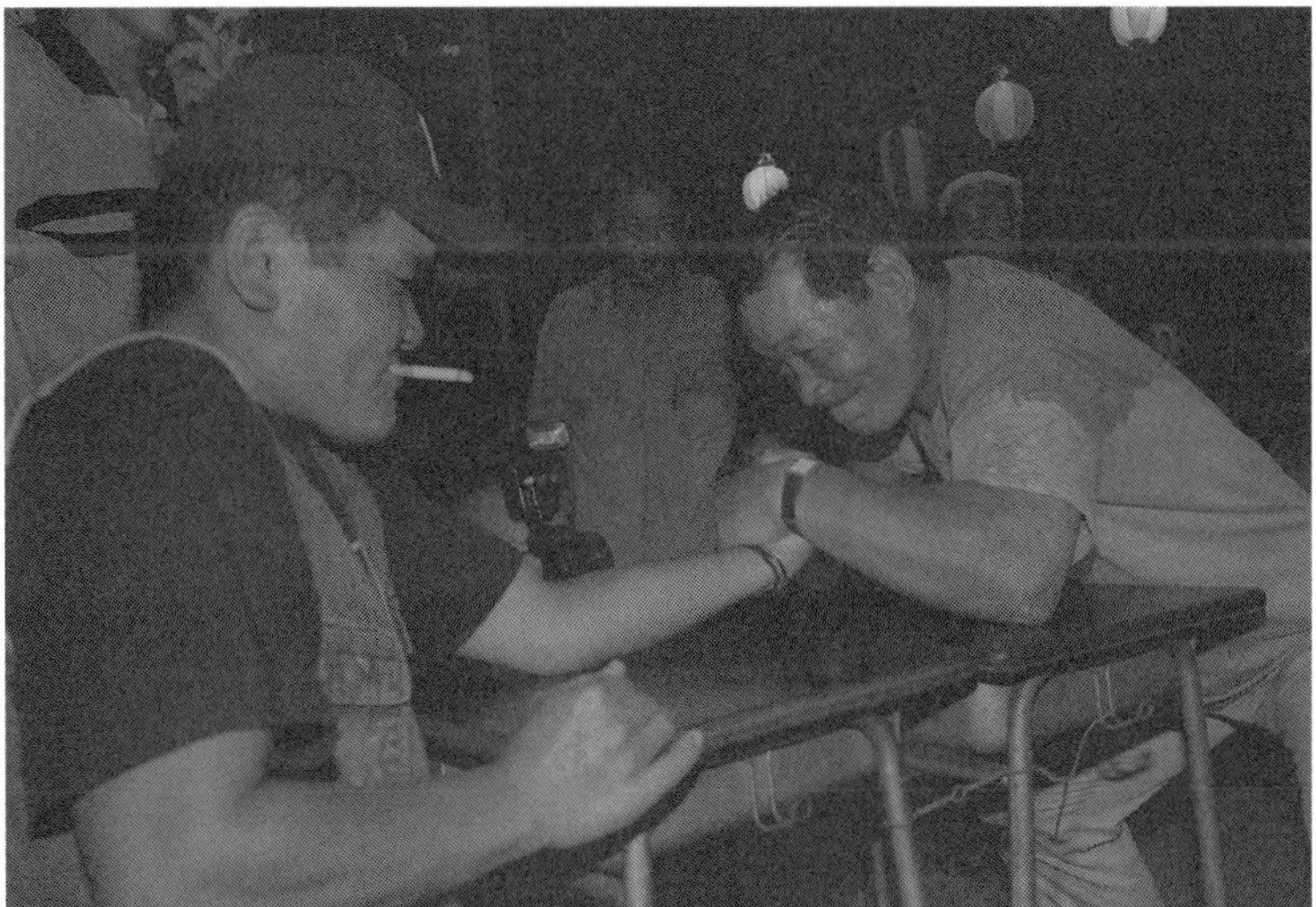

早すぎたニュースと遅いお巡り

私が二十代半ばだった頃、まだ四十代だった母が患って快復はしたものの、私や妹も店を手伝わされていた。その時は妹が母と店にいた。夜八時頃、家の電話が鳴った。半分泣き声の母からで、お父さんがお客さんに刺されて、妹が付き添って救急車で運ばれた、命には別状問題ないから、私はとにかく自宅待機していてくれと、一方的に告げて切れた。

その後すぐに、テレビのニュースで見たと、親戚からの電話が立て続けにあった。とりあえず生命の問題は無いから大丈夫とだけ答えた。しばらくして妹の落ち着いた声で、飯田橋の警察病院で手当を受け安静にしていると電話連絡を受けた。

父を刺した男はたまにしか来なかったが、もの静かで癖の無い、店にとってはいいお客さんだった。その人がトイレに行ってから一向に出てこないので、他の客から苦情が出て、父がトイレに見に行った。ドアを叩き声をかけても閉じこもったまま返事もない。ドアの上にある片腕がやっと通るほどの小窓から手を伸ばした。その時、腕に衝撃が走った。

刃物はかなり深く刺さり、父の腕からは血が勢いよく流れでた。母はパニック状態で全く役にたたず、妹が父の側で対処した。危うくその傷は動脈まで至るところだったが、幸い流れ出た血のわりには大事にはならずに済んだ。

山谷のマンモス交番のお巡りは、いつものことだが全く頼りなく駆けつけるのも遅かった。その代わり偶然にも近くでテレビ局が山谷を取材していて警官より速く駆けつけ、店の主人が刺されまだ犯人は立て籠もっていると、店と父の名前も出てニュースになるのは早かった。山谷で同じ商売をやっている叔父もそのニュースを見て飛んで来た。

一方、刺した本人はトイレに籠城したままだった。常連さんたちが慌てず対処してくれていた。気が弱くお金の持ち合わせがないためトイレから出ることができなくなって、気が動顚していた。ぬっと入って来た腕に驚いて持っていた刃物で衝動的に刺してしまったそうだ。そんなことをするような人ではなかったので、事を荒立てはしなかった。

次の日、病院に行くと、腕をつったままの父はいきなり、苦りきった顔でニュースに出たんだってなと言った。刺されたことよりニュースに出たのが相当ショックなのは、やっぱり父らしかった。そんな父のいつもの顔を見てほっとした。

後日、常連さんに教えてもらったのだが、山谷には、一見大人しそうでも護身用に刃物を持っている人はいるという。だからといって刃物を振り回すわけでは決してないのだが、お金がなくなり、アオカン（宿に泊まれず外で寝ること）して寝ている時に襲撃する人がいるので、荷物やわずかなお金や自分の身を守るためのものだという。

酒
泪橋
Namidabashi

パブスナック

いろは

パレスハウス

日本堤一丁目
14

都営清川二丁目アパート

万博と金メッキの腕時計

伝票の計算もすばやく客の信頼も厚かったママとちがって、マスターである父は、客に急かされていても、最低二回は計算を繰り返すのでじれったがられ、「マスターホントに合ってるの〜」と訝られた。

ほとんど毎日通ってくる常連も多く、それぞれの食べ物の好みも酒の呑み方も性格も癖もすべてわかっていて、やっかいな客に目を光らせていても、酒が入ればどこからともなくけんかが始まる。ついさっきまで楽しく大人しく呑んでいた人が豹変する。何度も酒で苦い思いをしてきたから、山谷で呑んでいる人が多いのだが。

母ではおさえられない時は、父が飛んでくる。痩せ形で一見腕力もなく、頼りがいもなさそうな風貌の父ではあるが、カアーッとなると手が早い。自分よりガタイがよくて強面の相手でも向かっていくので、母は「見てられない」とこぼしていた。私も何度かそんな場面に出くわしたが、常連さんがうまく止めてくれたので乱闘にはならずに済んだが、はらはらしたものだった。いつだったか父に長くこの商売やっているのだから、もっとスマートにできないものかと思わず言ってしまった。父は丸善のおやじをおこらすと恐いよと、威厳を保つため、あえてやっているんだと言っていた。痩せっぽちの肉体ではまるで説得力はないのだが。

ラーメン屋時代の父には伝説がある。

昭和四十五年、時は大阪万博。店が終わってから、父と若い従業員と三人で、深夜、車を飛ばして大阪に向かう途中、高速で別の車とイザコザになった。せっかちなくせにマイペースな父の運転で私もトラブルに遭遇したことがあるが、追い越されたりしているうちに熱くなったにちがいない、そんな姿が浮かぶ。

相手が悪かった。ぬきつぬかれつのカーチェースの末、車から下りて来たのはやくざだった。連れの二人は一目散に逃げ、父はどっかから長い棒を拾って来て、一人で立ち向かっていった。もちろん結果は、ボコボコにされた。警察からの連絡で父の兄が身柄引き受けに行く始末。結局万博には行くこともなく、包帯を巻いた姿で浅草に戻って来た。

団体行動が苦手だった父は、老いて母と行ったツアーでも集合写真の時になるといなくなり添乗員を困らせ、写真には母しか写っていなかった。勝負事が好きで、母がいたおかげで、スッカラカンになることはなかったが、母には幾度もつらいおもいをさせた。幼い頃の父は日が暮れても相手のメンコを全部巻き上げるまで勝負して譲らなかったという。一匹狼で人生そのものがギャンブルだった祖父の血が、どこか父にも受け継がれていた。

商売人向きではなく、ひとりで器用に何かつくったり、研究するのが性にあっていた。文学は読まなかったが、新聞にはよく目を通して政治経済、歴史に関することを話しだしたら止まらなかった。晩年、商売を辞めてからは油彩で静物画を描いていた。母の日舞姿を描いた作品が一番いい出来で笑ってしまうほど似ている。祖父同様、勝負事は死ぬまで止められず碁会所やパチンコ屋に通っていた。父の通夜で親戚が集まった時、父の車が踏み切りに突っ込んで電車を止めた話など、まだ私が知らない伝説話に皆で笑い涙した。

出入り禁止と言われても顔を見に来るほど、丸善のママとして慕われていた母だが、常連のなかには俺はマスターの隠れファンだよ、という人も結構いた。

孤独ということではないのだが、人と交わるより、ひとりが好きな父の性分が、やはり山谷でひとり生きる男たちとどこか共鳴し、上からでも下からでもなく同じ目線で男たちを見ていた。

今は処分してしまったが、家のサイドボードの引出しに、父が使うはずもない男ものの安っぽい金メッキの腕時計が幾つもあるのが不思議だった。それは客から預かったものだった。母から出入りを禁じられた人でも、父は店へ入れてやり、お金を持っていなければ腕時計を置いていかせる。後でお金を持ってきたら返していたので、家にあったのは持ち主に戻らなかったものだ。はじめから入れなければいいのに、父は一杯だけだといって酒をだす、お金がないのはわかっていたはずなのに。

ふだんはしゃべりだすと止まらないのに、自分の昔話や山谷のことはあまり話したがらなかった。祖父から始まった我が家の山谷、父も山谷で生きる男たちの一人だったのだ。

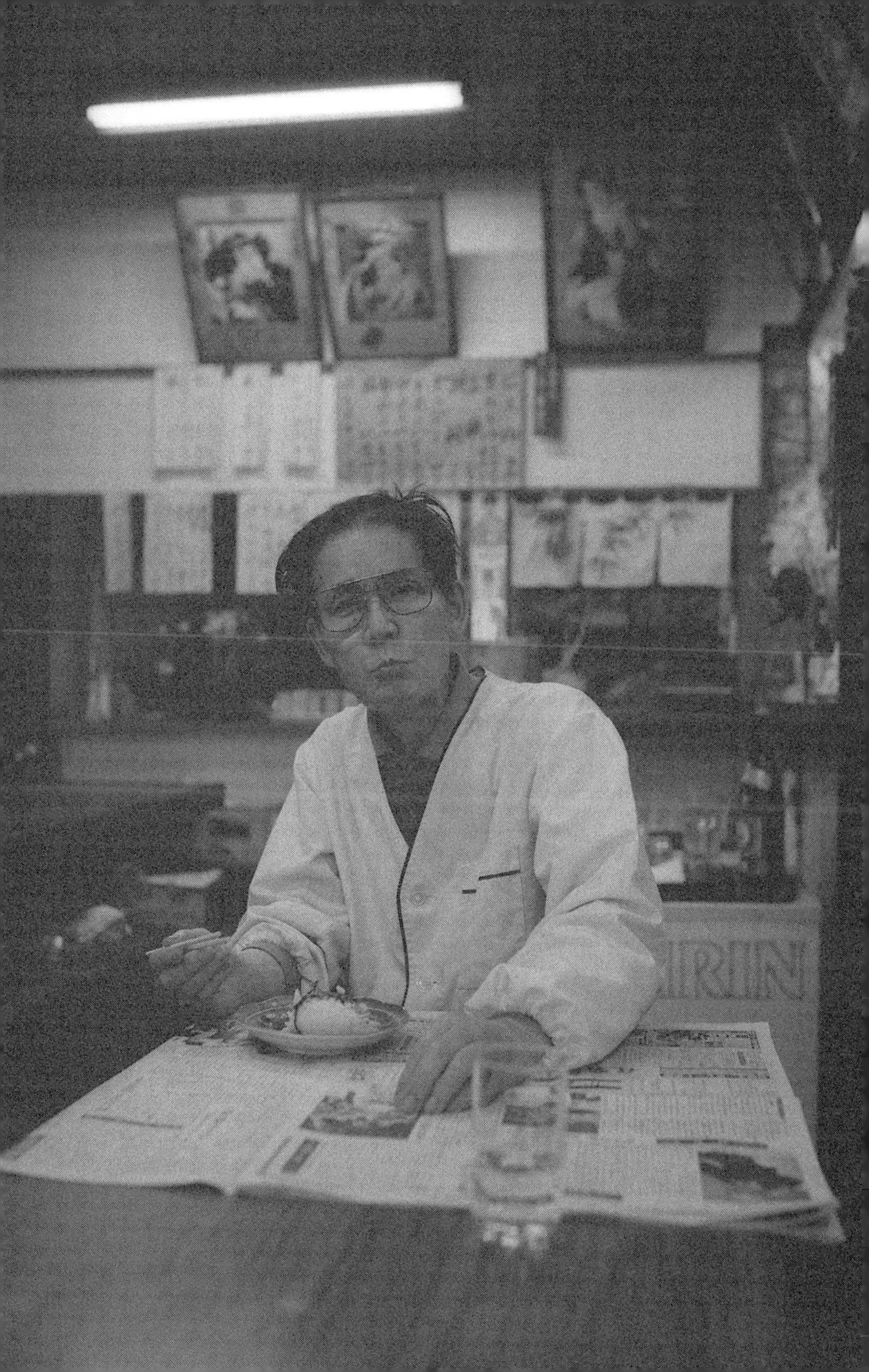

お客様へ
この度 六月十日をもって
閉店することになりました。
長い間大変ご愛顧を
頂きまして厚く御礼申し
上げます。
丸善 店主
リンラガー 樽生
うなぎ

冬の日のバケツリレー

丸善食堂の二十九年の間、板さんや皿洗いの人たちのなかには、長く居た人もいたが、出たり入ったりも激しかった。東北訛りの無口な酒好きな人、バカボンのパパみたいに鉢巻きをまく人、酒も煙草もギャンブルもせず一切過去も語らない人、体が大きく分厚い眼鏡がいつも汗で曇っていた皿洗いのおばちゃん、忙しい時にホールを手伝っていた背の低いお姉さん、ほかに私の知らない人が何人もいたはずだ。客の〝学会信者〟にうまいこといわれて大きな仏壇を買わされ、部屋に置いたままいなくなり、父が困っていた人もいた。

私も妹も大学に入るまで店の手伝いをすることはなく、小学生の夏や冬の長い休みは母の実家で過ごしていた。中学、高校も、店の手伝いをした記憶はない。両親は私たち姉妹を私立のお嬢さん学校に入れ、あえて山谷には近づかせないようにしていた。

日雇い仕事のない盆暮正月は、店は昼からごった返していた。さすがに大学生ともなれば正月などには必ずかり出された。あっちにビール、こっちに酒とやっているうちに、お年玉がもらえた。

景気のいい時代、父からバイト代は貰わなくても、チップや閉店後に掃き掃除していると小銭や千円札が落ちていて、それだけで財布がふくれた。酔っているお客さんは勘定の時、手元がおぼつかず財布からお金がこぼれ落ちてしまうのだ。

バブルの時には日当四、五万もらっていた腕のいい鳶職人でも、仕事がなくなると店につけをしたり誰かに借金する。なかには小金を貯めている人もいたが、ほとんどの人が貯金することなく、競馬や博打、酒に金は消えていく。バブルもとうに過ぎ、世のなかの景気が落ち日雇い仕事も激減したころには、正月の手伝いでも財布がふくれることはなくなった。


あれは寒い冬の日だった、母のかわりに店を手伝って、閉店後外にゴミを出しに行くと、二十メートル先の暗闇から赤い光がこっちに迫って来た。すぐに炎だとわかり、人の形をして手足をばたばたさせていた。反射的に声を上げながら店に戻って、「火だるまの人がいる、死んじゃうよ！」と叫ぶと、ちょっと頭が足りないあみちゃんが「ほっとけ」と言って、皿洗いを続ける。

父と私は夢中でバケツに水を入れ、いつのまにかあみちゃんも加勢して三人のバケツリレーで火を消した。暗闇だったせいもあるが、真っ黒で煤だらけの男は「うぅ～」と唸っていた。すぐに救急車で運ばれ、男は危うく一命をとりとめた。「消防署から感謝状がきたよ」と後で父から聞いた。

当時は野宿者が公園で寒さを凌ぐためドラム缶に火を焚き、酔っていることもあって体に火がつくことがあった。さすがに燃えながら歩いてくる人とは二度とあうことはなく、今では夢だった気もするが、あみちゃんの「ほっとけ」という声だけは確かに耳に残っている。

あみちゃんは急にいなくなる。「クビだ」と父は言っていたが、あみちゃんは、いつの間にか戻ってきて「マスター、マスター」と猫のように父にまとわり付いていた。店にいると常連さんにもかわいがられて、一杯やっとくれと、酒をおごってもらうこともあった。

そういえばバカボンのパパのようにいつも頭にタオルを巻いていたが、笑った顔は左とん平にそっくりだった。

ほっけ焼
いわし焼
アジフライ

キリン生ビール

月見
山かけ
たら子

とりちゃんと中国女

店の二階に長く居候していた、とりちゃんという人がいた。秋田出身で腕がよかったので仕事先から信頼されているらしく、お金がある時は気前よく店で皆に大判振る舞いをしていた。着ている物も清潔感があって、こざっぱりしていた。男の人にしては衣装もちでしゃれた柄物のシャツが多かった。几帳面で洋服ダンスにきちんと整理されていた。サイドボードには秋田のこけしや土産物の置物がきれいに並んでいた。

よく二階の自分の部屋で作っては、秋田名物しょっつるや切りたんぽが煮えた大きな鍋を抱えて下りて来た。はたはたの出汁はちょっと甘めの東北の味だった。秋田訛の赤ら顔、すけべでリアルな下ネタにはついていけなかったが、丸善のママが大好きだった。

一度、とりちゃんの部屋で写真を撮らせてもらったことがあった。いつもしつこくすけべなとりちゃんが、ちょっと大きめのカメラの前で、緊張気味に直立不動のままだった。私がフツーに呼吸していつものようにと言っても微動だにしなかった。

ある時、とりちゃんに中国人の若い彼女ができたと噂になった。噂は本当でいつの間にか籍を入れて結婚していた。実際に中国東北省の彼女の実家に行って両親に会い、大宴会してきた。きれい好きなとりちゃんは中国人の食事のマナーが汚くてまいったと、身振り手振りで店の皆に報告しつつも、顔には笑みがこぼれていた。きっと、とりちゃんのことだから大判振る舞いしたよなと、常連の誰かが言った。

その当時、山谷では日本の戸籍を欲しがる中国女に騙されて、結婚する人が何人かいた。近くに若い中国人女性がホステスで働いているカラオケスナックがいくつかあって賑わっていた。噂ではバックに中国系マフィアが関わっているとか言われていた。

金払いがよく人のいいとりちゃんは待ってましたとばかりに、いい鴨にされてしまった。まわりの誰もがとりちゃんは騙されていると言っても、中国まで行って結婚して、やっと摑んだ幸せで一杯で疑うことはなかった。

しばらくして母からとりちゃんが居なくなった、部屋の荷物はそのままで姿だけが見えないと言われた。その前から、結婚したのに一緒には住むこともなかった中国女と、徐々に連絡が取れなくなり、ようやく逃げられたことがわかると、とりちゃんはしばらく仕事にも行かず、いつもの元気さも消え、一階の店にも下りて来ずに塞ぎこんでいた。

それから間もなく、とりちゃんの秋田の妹から電話がはいった。実家の墓の前で倒れていた、自死だった。短い遺書には身内と丸善へのねぎらいの言葉が添えてあった。

その後、とりちゃんによく似た妹さんが荷物を取りに店を訪れてくれた。

じゅんちゃんのコント

丸善の二階に居候していたとりちゃんの後、二年間程住んでいた人がいた。皆から「じゅんちゃん」と呼ばれ、はじめは店に通ってくる常連客だったが、体を悪くして仕事ができなくなり生活保護で暮らしていた。いつの間にか店の二階の住人になったじゅんちゃんの仕事といえば、一階の店に下りて来て数杯の酒を呑んで皆の笑いをとることだった。虚空を見つめ幾つもの皺が刻まれた風貌は、一見すると思慮深く重厚な人かとおもいきや、次の瞬間、間の抜けた顔になり、ため息とともに笑いがおこる。いつだって飄々として皆を煙に巻いたりいじられたりするのが、本人もまんざらでもなく、じゅんちゃんが店にいるだけで笑いが絶えなかった。

本当のことは言わない。若い頃は日活や東映で健や文太とやってたな〜と、おどけた顔で懐かしむように、ひとり頷いている。誰かがじゅんちゃんは由利徹にそっくりだといえば、こうかと言って真似をしてちょっと照れると、片目をつぶるのがいつもの癖だ。何杯か呑んで、じゃあな、明日は撮影だからなとか言って、店の表から出てすぐに裏から入って二階に帰っていく。誰かからこっち（厨房）から帰ったほうが早いんじゃないのかと、やじられても、必ず一回外に出て裏にまわる。

すでにカメラマンとして仕事をしていた私は、古いアパートの一室を暗室作業で借りていた。そこが取り壊されることになり、店の二階の空室に引っ越して来た。

ある時暗室作業をしていると、なにやら廊下が騒がしく人の話し声がする。黒いカーテンを開けて覗いてみると人の気配はなかった。するとじゅんちゃんの部屋から聞こえてきた。じゅんちゃん以外に誰かお客さんがいて宴会でもしているようだった。

戸が少し開いていたので隙間から覗いてしまったが、私にはまるで気がつかない。誰もいなかった。いや、じゅんちゃんだけがいつもと変わらず、テレビと布団だけの部屋に座っていた。壁に向かってじゅんちゃんが、私には見えない誰かと一緒に呑んでいるようだった。

「おまえはしょうがねえ〜」とか「ばかだな〜」とか言っていた。いつもはつっこまれる方がつっこみ役だった。そっと暗室に戻ると、今みたばかりの一人コントのような滑稽さに、無性に涙がとまらなかった。ただ暗闇でひとしきり泣くと、じゅんちゃんの生の塊のようなものがみえてきた。

じゅんちゃんの写真を撮りたくなって、空いている部屋で二度モデルになってもらった。

撮影で使った花を持ち帰り、花をもったじゅんちゃん、今ではみかけなくなったテレビの上に置くアンテナをなぜか頭にのせたじゅんちゃん、照れながらもこうか〜と言いながらポーズをとってくれた。その後も暗室にいれば廊下の方から、もうモデルはいいのかと仕事の邪魔をしてきた。

しばらくしてじゅんちゃんはさらに体を悪くして、一階の店にも下りてこれなくなり逆に父が二階に食事を運んでいた。

それからまもなくして、朝、店に行って部屋を覗いたらじゅんちゃんが布団の中で死んでいたと、仕入れから戻ってきた父から告げられた。

福祉の人が来て、部屋に貼ってあった私が撮ったじゅんちゃんの写真と共に、連れていったそうだ。体が大きかったから狭くて急な階段が大変だったそうだ。

「そういえば今月の家賃もらってなかった」と、父は言った。「なんて薄情なんだと」思わず父に吠えた。父からは何もかえってこなかった。

この数年で、とりちゃんに続いてじゅんちゃんも逝き、同じ商売をやっていた父の弟も自死していた。父は山谷で長く商売をやってきて、男の死生を目の前にし、幾度も空しさを味わったきた。ここで商売をやって生きていくために、父は父なりの生きる術を身につけていった。

山谷にはよく言われているような、孤独で暗く悲しいとかだけでかたづけられない、意志をもったかたくななものがあった。それはどこまでいっても、人に委ねずに自分と生きた、生きるしかなかった、滑稽なくらいに、山谷の男が在るためにもたなければならなかった、私には特別な石にみえるのだ。

そして私はここにしかない特別な石をやっと、写真に写したくなった。

KingDunker

ひとつ屋根の下

山谷の街は時代の写し鏡のように、変遷してきた。

一九六〇年代の最盛期には建築業の一割を占めていたといわれる日雇労働者が一万五千人もいた街。日本中が学生運動、ベトナム反戦運動と燃え上がった時代、その火の粉は山谷では労働者の組合闘争の炎となって激化していった。

平成になりバブルがはじけて建築業が衰退しはじめると、日雇い仕事は激減する。ドヤにもいられなくなり路上生活者が増えていった。それとは反対に簡易宿泊所（ドヤ）の数は減っていった。

大手建設会社やスーパーゼネコンがつぶれることなく今まで生き延びてこれたのは、下請けのさらに下請けの一番末端の日雇いというシステムのおかげとも言われる。今でいうフリーターの日払いのバイトなわけで、仕事がなくなればいつでも切り捨てられる非正規雇用である日雇労働者。

現在の建築現場では重機が発達したのにもかかわらず、以前より仕事のスピードが遅くなっていると言われている。かつては日雇労働者がいかに日本の建築業を担っていたかを窺い知ることができる。

農業より工業、地方より都市部へと社会の重点が移っていった六〇年代には、農業だけでは食べていけない出稼ぎ労働者や、貧困や差別によって社会からこぼれていく者にとって、日雇いはてっとりばやく、面倒な手続きもいらずにありつける重要な仕事場だった。その時代の政治経済が設計した見取り図には、山谷は日雇労働者の街として刻まれていった。

ドヤ暮らしは、住民票や保証人がなくても、その日のドヤ代さえ払えば、過去を問われることもなかった。そんな背景があって簡易なドヤの数は増えていった。二段ベッドの寝床だけという間取りから狭いながらも個室まで、スペースは様々だったが、月にすればアパートを借りて住んだ方が安かったりする。低賃金の日雇い仕事にしては毎日のドヤ代は大きい。食費や酒で消え、ギャンブルができれば御の字で、貯金などにまわしていられない。日雇い仕事も毎日あるわけではなく、仕事にあぶれ、お金がなくなればアオカン（外で寝ること、青空簡易宿泊の略）するしかない。

日雇いの仕事でも階級制のようなものがあって、鳶《とび》のような技術や経験がものをいう仕事は日当もよく、同じ現場が長期に及ぶ。人夫仕事は低賃金で、仕事数も不安定で油断していると仕事にあぶれる。景気が悪くなり仕事が激減すればなおのこと、要領よくまめに行動しなければ、日雇い仕事を毎日得ることはできない。

丸善食堂でも、あれは仕事をもらうための営業接待だったのだと思い当たることがある。客同士で、兄さんには世話になったので酒やビールをやってくれと言って、手配師や鳶職らしきお客のテーブルには、何本もの酒が載せきれないほどならぶ。いかにもそれは山谷の階級を表しているかのように、鳶の男は誇らしげだった。バブルがはじけてからはそれぐらいまめに気をつかっていかなければ常に仕事にありつくことは厳しかった。

そんな高給取りの鳶でさえ、今では仕事がなくなってしまった。ドヤにも住めず路上生活が長くなれば、心身ともに疲弊していく。やっと生活保護を受給できたとしても、若い時の勢いはなく高齢で慢性疾患とのつきあい。ドヤの利用者も九割が生活保護の受給者だ。今の山谷は福祉の生活支援がなければ成り立たなくなってしまった。若くて勇ましかった『労働者の街』から老いと病で苦しむ『福祉の街』に変わってしまった。

路上生活者の生活保護受給が認められたのは、二〇〇二年からのこと。それまでは病気やけがで仕事につけず路上生活になっても、六十五歳以下だと受給対象からはずされていた。

私が玉姫公園で写真を撮らせてもらっていた一九九九年頃は、生活保護をもらえず路上生活をする人たちが今より溢れていた。私は困窮におちいっていた時代状況も把握することなく、ただ山谷のいきがっている男の顔を撮りたいというだけだった。そんな私のカメラの前に立ってくれた山谷の男たちの心意気が、写真からまっすぐ語りかけてくる。

そして山谷という街は不思議なことに、生活が厳しい状況にあっても誰かが酒を呑ませてくれたりする。酒といっても安いショウチューのコップ酒なのだが、さっきまで喧嘩していてもお酒は特別なのか仲間意識が強い。公園でも今あったばかりの人同士で酒盛りしていたりする光景を何度も目にした。それ故にアル中や依存症が多いわけだが、仕事はなくなってもお酒の神様は山谷から出ていかなかった。

路上生活者に生活保護の受給が認められるようになった今でも、年老いて仕事などみつかるはずもないのに生活保護は申し訳ないと頑なに受給申請をしなかったり、長い間の路上生活で仕事のできる体ではなくなってしまっているのに受給できないでいる人たちがいる。

昔から山谷の男たちには、生活保護をもらって国の世話になどなってたまるものか、という意識がすごく強かったと、最近になって知った。生きていくのにぎりぎりにならないと、受給しない人も少なくないそうだ。

山谷にあるお寺で、浄土宗のお坊さんの吉水岳彦さんが主催している『ひとさじの会』というのがある。月二回、山谷や浅草、隅田川付近や上野にいる路上生活者の現状を把握するために、おにぎりとお茶やアメ、薬を持って、夜回りのボランティアをしている。炊き出しとはまたちがったやり方で、孤立していきがちな人たちの顔をみて声をかけ、皆で握ったホカホカの大きなおにぎりを手渡す。姿が見えない時はその場に置いていく。いつも同じ場所にいる人、顔なじみの人、初めて会う人、子供から暴行を受け怪我を負っている人や具合の悪い人がいたら医療機関に連れて行き、公的支援に導く。夜の八時から活動するのは、商店街が閉まってからでないと姿を現さない路上生活者に会うためだ。

私も数回、参加させていただき、よく知った浅草の路地を歩いた。いつもそこにあったブルーシートとダンボールの小さいハウスから老人が顔を出した。丁寧に手を合わせ、ありがとうございますと深々とお辞儀をされ、一瞬、戸惑ってしまった。私はおにぎり一つ渡しただけなのに、私ごときに頭をさげる、その小さい姿はお地蔵様のようだった。

その後、何度か自転車で前を通り過ぎたが、ハウスはいつの間にか撤去されていた。浅草に来た観光客が真っ先に訪れる、ピカピカに浄化された浅草寺のすぐ近くの路地で、ダンボールに包まれて、ひとりで命をともす路上のお地蔵様がいた。

路上生活をしなくてもすむ社会がくることを祈りながらも、何があっても強制して排除するのではなく、どこの場所に誰がどのようにして生きているのかを見守りながら、吉水さんは手を差し伸べる。アニメの一休さんにそっくりな姿で、幾つものおにぎりを入れた袋をぶら下げて、浅草や山谷以外にも、新宿や池袋の繁華街の裏で路上に生きている人々に会いに、東京の夜の街を歩いている。

山谷には、病院にもいられなくなった、身寄りの無い看護や介護の必要な人のための、宿泊施設もいくつかある。その一つに吐師《はし》秀典さんが支援活動をするＮＰＯ法人の『友愛会』というのがある。昼からやっている大音響のカラオケスナックを囲むように建つ古い木造家屋で、十五人ぐらいの利用者の看護や介護、そして色々な支援をしている。ほとんどの人が病気や認知症で手助けがないと生活できず、身寄りもなく、場合によっては最期まで看取ることになる。

私が何回かお邪魔した時に聞いた話で、夜中にこっそり台所にきて冷蔵庫に入っていたチーズケーキを丸ごと食べちゃったおじさんがいた。認知症がすすんでいて、オムツをしていてもわきから溢れてしまい、自分でもなんとか始末しようとするので、結果的に部屋をウンコ塗れにしてしまう。スタッフの田中さんは苦笑しながら、食べちゃった大きなチーズケーキの分またウンコ掃除だよと言う。その一週間後に行くと、泊まりだった吐師さんが夜、台所でごそごそするから見にいくと、また別のおじさん二人が乾麺を盗み食いする寸前だったと言う。どの人も病気と認知症が進んでいた。だからといって『友愛会』では厳しくしたり、物を隠したりといったことは極力しない。狭くてそんなスペースもないのだけれど、ある意味で盗み食いを問題行動としないのだ。ただ病気によっては体にはよくないから止めるけどねと吐師さんは笑っている。煙草も吸える。部屋ではだめだが、共有スペースであれば、肺を患っていてもやめられない人には無理にやめろとは言わない。

ここは生活をしている人にとってはまぎれもなく自分の家なのだが、看護や介護、食事の世話をしているスタッフも、ひとつ屋根の下、それぞれのやり方で、会社や病院とはちがう時空間がゆったりと流れている。台所に座っているといろんな音がまる聞こえだ。ベッドで唸っている声、シーツを持って階段を下りてくるスタッフの足音、洗濯する音、食事の準備でまな板をたたいている音、杖をついて歩く音、事務所から聞こえるギターの音、うがいをする音。古くて狭い家屋が一層、人と人を手の届く距離にしている。

友愛会には女性専用の宿泊施設もある。知的障害でＤＶ（ドメスティック・バイオレンス）を受け路上生活をせざるをえなくなった人やアルコール依存や薬物依存の人、記憶をなくした人、認知症、人格障害をもつ人……。

以前は日雇労働者で路上生活から病気や怪我をして、身寄りもなく高齢で生き場のない人が施設などに多く入ってきたのが、最近は精神障害や知的障害を伴い、その上いくつもの理由が重なって生き（行き）場をなくした人の支援が増えてきている。

看護師で精神訪問看護もしている吐師さんの所には他の事業所でも手に負えないような訪問看護の依頼がやってくる。山谷ではない、とある街のゴミ屋敷に暮らす女性の訪問に承諾の上、同行させてもらった。外からは落書きされた壁で廃墟の佇まいの家屋の扉をあけた途端、うす暗い通路の両脇には訳のわからないゴミの壁が続いていた。一瞬にしてただならない気を感じたが、どんどん進む吐師さんの大きな背中を見失わないようについて行く。

ゴミの壁は果てなく続き、ぼんやりと見えてきた二つ目の部屋の明かりの下、敷きっぱなしの布団の上に、おばさんが座っていた。その人は普通にお客さんを招くように、私を迎えてくれた。会うまで勝手に山姥《やまんば》のような人を想像していたが、どこにもいそうなおしゃれなおばさんだった。でもよく見るとちょっとちぐはぐで、幾つものネックレスと指輪をしていた。私はステキですねと言って、壁にいつからそこに吊るされているかわからない洋服もおしゃれですねと褒《ほ》めた。顔だけみていたら、ゴミ屋敷の住人とは思えない。私が手を握ってまた来ますといったら、ニッコリと微笑み返すおばさん。

なんだか私は体がむずむずと痒かったが、不思議に居心地は悪くはなかった。まったく現実感のない、いつからここは時間がとまってしまったのだろうか、おばさんが今まで生きてきた時間が堆積したようなゴミに囲まれて、なぜだか私の重たかった体が浮遊していく。

吐師さんはおばさんが食べたお弁当の空き箱やジュースの缶を袋に入れていた。生ゴミはほとんどないせいか、へんな匂いはなかった。次の訪問先の予定が迫っているので、そうそうに部屋を出る私たちを、おばさんは布団の上から見送ってくれた。来た時より落ち着いてきた私は目を凝らしてゴミの山を見たが、お宝のような物は見つけられなかった。庭らしい所もあり、敷地はきっと広いのだろう。

後から吐師さんが教えてくれたが、おばさんは二十代の頃に統合失調症を発症して、一緒に暮らす弟さんは診断されてないが発達障害の可能性が高いという。それでも仕事はできている弟さんの寝床は、さっき私たちが歩いてきた人がひとりやっと通れる通路のあたり。今は高齢で施設に入ってしまった母親が、ひとりで二人の面倒をみていたのだと聞かされた。その時はゴミ屋敷ではなかったのだろう。これでも以前よりゴミは減ったそうだ。吐師さんがはじめて訪問看護にきた時はまるで床は見えなかった。一挙に片付けるのではなく、時間をかけて捨てる物を聞きながらやっている。

早急に解決しようとしたり、こうでなければならないというベクトルに縛られてはならない。吐師さんは自問自答するように、それはいつも心の真ん中にある。その姉弟の生きづらさは、ゴミを取り払っただけではなくならない。もしかしたら今はまだゴミのおかげで生きていられるのかもしれない。姉弟が生きやすくなるための、本当のいらないゴミを共にゆっくりと捨てていくしかない。

毎年恒例の山谷堀でやる『友愛会』の花見で私が撮った写真を、ドヤにいるおじさんに持って行くという友愛会スタッフの田中健児さんについて行った。道すがらそのおじさんは前科十数犯だと聞いた。花見の時のピースサインの気のいい顔からはまるで想像できなかった。部屋の扉を開け、ぬっと出て来たおじさんの顔はやっぱり、写真と同じだった。一年前の花見の写真もドヤのおかみさんに、やっぱりシャバはいいなと言って、自慢げに見せていたそうだ。おじさんの部屋は三畳の広さの陽が差し込む窓際で、狭いながらもきちんと整理され、カラーボックスの上の時計やらペンがまっすぐに整然と並んでいる。田中さんはドヤにいる人の部屋を見れば、刑務所《ムショ》暮らしが長かったどうかがよくわかるという。ドアを開けると、たまに正座して待っているのだとも教えてくれた。

そのドヤ『白根』を営むおかみさんは「私は家族ごっこをしているの」と言う。地元に育ち、山谷の激しかった暴動を横目で見ながら、ヒールをはいて会社に行っていた。近くには地元のやくざの事務所もあり、昔はドヤにも家族でいる人もいたそうだ。仕事にもあぶれ、ドヤ代が払えないで食事もできない人に、おかみさんの母は、茶碗にごはんを盛り、その上にメザシと沢庵、梅干しを載せ、ラップなどないから、半紙でくるんで部屋に届けてやっていたそうだ。そんな母の姿を見て育ったので、ドヤの人が困っていると見ていられないと言う。聞きながら、ふと私の母の姿がよぎる。常連さんに冬になると、毛糸の靴下や厚手の下着などを買っていた。

『白根』のおかみさんは、私より五、六歳ぐらい上で、同じ時代の景色を見て育ってきたなと思う。介護の資格はないけれど、血圧を測ったり病状をノートに記入するなど、自分にできる範囲でおじさんたちの健康チェックをしている。建物は古くても掃除は行き届いている。東北の震災で揺れた時、すぐに逃げようと思ったけど、その時、はっとした。私はおじさんたちを置いては逃げられない、ここを終の住処としている人たちがいることを思い知った。何人もの最期を看取り、母がしてきたように、その時は御塔婆を立てる。そのお寺は地元の『ひとさじの会』の吉水さんのところだ。「本当の家族と同じようにはできないけど、家族ごっこだけどね」と言って、笑う。

『白根』の玄関の扉を開け、外に出たらまだ雨が降っていた。そこには五分前にご飯を買いに出ていった、あの前科十数犯のおじさんが傘をさして立っていた。私はカッパを着て自転車できていた。傘を差し出そうとするおじさんの少ない歯を見せて笑う顔をみて、雨のなか自転車を飛ばした。

山酔

あとがき

本書を書きすすめていく途上で、山谷に関する本を何冊か手にした。そのたびに、私は山谷を語るべき者ではないのではないかと、立ち止まってしまった。

私は幾つかの季節、玉姫公園で男たちの写真を撮ったにすぎなかった。ただただ、男の顔を撮りたい、それを写真にしたいだけだった。

山谷を語りたいとも、山谷がどうにかなれとも全く考えず、背景に山谷が写らない、人物の存在力が見る人に伝わればいいと思っていた。

あまりにも山谷を知らなすぎた私にとって、この本を作るにあたって自問自答しつつ格闘した時間は、山谷の地霊からの贈り物かもしれない。

文字や言葉にすることであらためてわかることがあった。それは過去や自分のことを語りたがらない山谷の男たちが、本当に言いたかったことに耳をすまし思いを馳せる時だった。切なくも、どんなことがあろうとも最後まで自分と生きた、石のように頑な孤(個)のちからにぶちあたった。

今の山谷には仕事もなく、病や老いを得た大人しい福祉の街になってしまった。孤独が似合うのだろうが、その言葉で片付けることは山谷の暴れん坊たちが許してくれないのではないか。

私は山谷のいきがっている男たちにぎりぎり間に合って、死ぬまで俺はおれなのだというしぶとさをもらったのだ。

仕事もなく路上に投げ出された男たちが、もしかしたら、人生で一番過酷な時だったかもしれないのに、黒布をバックに私のカメラの前に立ち、自らをさらけだしてくれた。フラフラに酔っぱらっている姿、殴られて鼻が曲がっている顔、指のない刺青の体、路上の風雪を刻まれた顔、じっと見据えた眼。

ここにしかない圧倒する存在力は、そのまま男たちの生命力だった。私はただカメラを立てて待っているだけで、男たちのまっすぐな魂の光が、私のカメラのフィルムに感光したのだ。

どうせやるなら写真集にもしてくれといってくれた声を、やっと実現できただろうか。

浅草と博多で二回の写真展をやって、押し入れに閉じ込めていた写真を都築響一さんに見せたことから、またこの写真が息を吹き返し私に語りだしてくれた。そして刊行にこぎ着けてくれた筑摩書房の青木さんは、つたない私の文章があがるのをじっと待っていてくれた。浅草の皆は本のタイトルを一緒に考え応援してくれた。今の山谷と共に生きている吐師さんと友愛会の皆さん、お坊さんの吉水さんに出会い、白根の女将さんの話を聞き、より山谷という街が好きになった。風俗取材で出会えたクルミさんも決して忘れられない。皆さんに助けられ、この本をようやく作ることができた。今は感謝の念につきる。

そして山谷に出会えたのも丸善食堂があったからだった。二十九年間営んできた亡き父と母の人生にこの本をそえたい。

丸善食堂ではじまり、そこで出会えた人たち、玉姫公園で私を迎え入れて、私のカメラの前に立ってくれた山谷のいきがっている男たちに、山谷の街にこの本を捧げる。

解説　ヤマの女

都築響一

それまで新宿、渋谷、池袋、みたいな場所が自分の夜のホームグラウンドだったのに、数年前から上野や浅草や錦糸町に足が向くようになった。そこでアブクのように消えていった飲み代は、『東京右半分』という本に結実したのだが、多田裕美子さんと出会ったのも浅草・初音小路の、五人も入れば身動きできなくなる居酒屋だった。

酒が入るとひときわ陽気なパワーが倍増する多田さんから、「昔、こんなの撮ってたんです、ハフッ（鼻息）」とプリントの束を渡されて、きゅうくつすぎるカウンターと、出っ張ったハラのあいだに広げてみたそのポートレイトは、僕をいきなり、どこか遠く深い場所に突き落とした。スカイツリーも、観光用人力車もなかったころの、寂れきった浅草に。外人バックパッカー用のドミトリーなんかなかったころの、汗臭く殺気立った山谷の道ばたに。男が、男でいた場所に。

この本に集められたポートレートは、いまの山谷ではなくて、もう十数年前の山谷の男たちだ。二〇〇二年に多田さんは浅草で小さな写真展を開き、『森のクラス会』という、申し訳ないが聞いたこともないシニア雑誌に取り上げられて（Vol．5、二〇〇二年、樹の森出版）、以来このポートレートはずっと陽の目を見ないままできた。写真集に編まれることもなく、写真美術館に展示されることもなく。当時、自分で週刊メールマガジン「ロードサイダーズ・ウィークリー」を立ち上げたばかりだった僕は、さっそくお願いして記事にさせてもらったのだが、それが二〇〇二年の展覧会以来、十年ぶりのお披露目だった。それからさらに四年の月日が経って、何十回も一緒に飲みながら、そのたびに「あれ、本になったらいいのに」と話していたのがついに一冊の本にまとまって、こう言っていいのかわからないけれど、ようやく「成仏」できた気がする。写真にすくい取られた、行き場のない憤怒や絶望や諦観が。魂が。そして山谷という土地の地霊が。

この本を読んでくれるほとんどのひとが、山谷という地名は知っていても、特になじみがあるわけではないだろう。多田さんが撮影した二〇〇〇年前後の山谷の空気感を、写真から懐かしく思い出せるひとはそんなにいないだろう。だからこそ男たちの肖像は、「山谷」というフィルターなしでも、ひとりずつの存在の強度を持って迫ってくるのかもしれないし、文章もまたルポルタージュとして「山谷」という狭い土地を超える広がりを持って読むことができるのだろう。そうしてだれもが、写された男たちと同じぐらい、これを写した女に興味を抱くにちがいない。

生い立ちから山谷へのかかわりまで、多田さんは飾ることも隠すこともなく自身を描いているが、なぜか二十代が抜けている。なので、余計なお世話だろうが、メルマガでインタビューした若き日の多田裕美子を、少しだけ紹介しておこう。

多田裕美子さんは一九六五（昭和四十）年、浅草に生まれた。中学・高校と一貫教育の女子校に学び、そのまま大学にも進学できたのだが、意外にも東洋大学を選んで入学する。専攻はフランス哲学だった。

〈中高と女子ばっかりで、こんな所にいたんじゃダメだろう、外に出なきゃということで……（笑）、でも一浪しちゃいまして。それで受験科目の少ないところを選んで受けてたんですが、おもしろ半分みたいな感じで受けた東洋大学に受かっちゃったんですね。ほんとは映画が好きで、そっちの学校に行きたかったんですが、なぜか哲学で、ちなみに卒論はベルグソンでした……（笑）。

写真を始めたのは、大学のサークル活動なんです、それも卒業直前に。みんなでテーマを決めて、なんか撮影してみようとか。でもコンパクトカメラでしたし、それを仕事にしようなんて、とても思わなくて。

それでひとなみに就職活動をしまして、広告代理店に決まって、四年生の秋からバイトとして働き始めたんですが、おもしろくないんですよ！ で、このまま行くのはやだなーと思って、四月に入社する手前で「辞めさせてください」と（笑）。そこで、写真が出ち

やったんですね〜。〉

就職直前で退社！　まったく経験のないカメラマンを目指すという選択に賭けた多田さん。当然ながら、そこに待っていたのは茨の道以外にはありえなかった。

〈とにかくカメラマンになろうと！　でも知識もなんにもなかったんですよね。それでまず、日刊アルバイトニュースを見て片っ端から電話しまして。それで、小さな写真スタジオに入れたんです。そこで一年半、いろいろ基礎知識を覚えまして、それから喫茶店のバイトとかでしのぎつつ、自分で本読んで暗室の勉強とかしてましたね。

それで、最初のスタジオで知り合ったデザイナーの子に誘われて、合コンに行ったんですね（笑）。そこで知り合ったカメラマンから、六本木スタジオを紹介されて、まずはあそこで修業してこいと。で、「いつから来れる？」ってスタジオのひとに聞かれて、「あしたからでも大丈夫です」と言いたかったんですが、それじゃあんまりだろうと、「あさってから」とか言って（笑）、住み込みで働き始めたんです。家から布団とか運んできて。

でもそのころ、わたしはすでに二十六歳でしたし、まわりはずっと若い「先輩」ばっかりでしょ、ここは地獄かと思いましたよ！　でも、「ここで辞めたらもう……」と、まあ石にかじりついた感じで一年半、がんばりましたねえ。家にもほとんど帰らないで。日比谷線ですぐなのに……（笑）。〉

「一年半っていうのは、ちょうど区切りがいいんですよ！（笑）」と言う多田さんは、六本木スタジオでの苦行のあと、カメラマンのアシスタントに入り、ここでも一年半！　そして三十歳にして、独立を果たす。

〈ちょうどそのころ、激務で腰を悪くしたこともあって、「もう、ひとりでやろう」って、独立したんです。アシスタントしていたカメラマンの方は、音楽系の仕事が多くて、ビジュアル系のミュージシャンとかたくさん撮ってたんですが、わたしはそういうのには興味が持てなくて。

なにやろうかと思ってたとき、当時のボーイフレンドに「篠山紀信の写真がおもしろいぞ」って言われて。それでグラビアに興味を持つようになった。で、「カメラマンはグラビアで勝負しないと」とか、思い込んじゃうんです。でもツテもなんにもないでしょ。それでエロ雑誌かな〜と思って、風俗情報誌の仕事を始めるんです。

それまでエロ雑誌なんて見たことなかったんですが（笑）、そこならグラビアをやらせてもらえると思って。でもやり出してみたら、いきなり風俗店取材に回されて……それで初めて、こんなにいろんな世界があるんだって知りましたねえ。

取材は基本的にわたしひとりで行くんです。女でそういうのやれるひとが少なかったので、最盛期には雑誌六冊ぐらい掛け持ちしてて、メチャ忙しかった。渋谷行ったり、新宿行ったり、毎日もう、明治通りを行ったり来たり（笑）。そのときは写真だけじゃなくて、文章も書いてたんです。〉

三十歳で独立、いきなり思わぬ展開で忙しい仕事の日々を送ることになった多田さん。しかし慣れるに従って、仕事への情熱はどうしても薄れていった。

〈やっぱり飽きてくるんですよね、いくら風俗がおもしろくても。それで仕事のかたわら、山谷の食堂の二階を暗室に改造して、そこで現像とかしながら、食堂のお客さんや居候のひとを撮るようになったんです。そうこうするうちに、それまで興味なかったのが、だんだん山谷の男たちに目が向くようになったんですね。〉

二十代で写真という仕事を始めてから、現場はずーっと六本木、新宿、渋谷あたり。地元に目を向けることのなかった彼女が、山谷にたむろする男たちを「ひととしてかっこいいなあ」と思えるようになったこと。それは山谷が変わったのではなくて、彼女自身が三十代になって、成熟した視線を持てるようになったからなのかもしれない。

いまも浅草に住み暮らす多田裕美子さんは、地元の学校行事を頼まれて撮影したり、三社祭の時期には祭り装束の晴れ姿を撮ってもらうお客さんたちで大繁盛だという、浅草の写真館を手伝ったり（街場の写真館がいまもちゃんと機能しているというのも、いかにも浅草らしい）、浅草サンバカーニバルのオフィシャル・カメラマンをつとめたりしながら、「いまの浅草という場所」を撮り続けている。魅力的なテーマであることはわかっているのに、「失われた山谷」にこだわることをせず、いま自分が生きる街と、男と女たちのほうに熱中するところが、下町娘の矜持というべきか、僕にはすごく信じられるところでもある。

多田さんの写真を見るのは楽しいけれど、多田さんと飲むのも同じくらい楽しい。いつも早口で、自分で抑えようとしているけれど、酔ってくると抑えがきかなくなって、思いの強さが口の回りよりも先に行ってしまって、う〜〜〜っとなって、もどかしい感情のほとばしりに飲み込まれる瞬間の多田さんが、いちばん好きだ。

そういうドライブ感に突き動かされて、コントロールのきかないまま走っていく彼女の、次に向かう先がすごく気になる。

［つづき・きょういち　写真家／編集者］

多田裕美子（ただ・ゆみこ）
一九六五年生まれ。東京浅草出身。東洋大学文学部卒業後、六本木スタジオ勤務、写真家岩切等の助手を経て、一九九五年からフリーカメラマンとして活動する。

山谷《さんや》 ヤマの男《おとこ》

二〇一六年八月二十五日　初版第一刷発行

著　者　多田裕美子
発行者　山野浩一
発行所　株式会社　筑摩書房
東京都台東区蔵前二-五-三　郵便番号一一一-八七五五
振替〇〇一六〇-八-四一二三
装幀者　倉地亜紀子
印刷・製本　中央精版印刷株式会社

筑摩書房サービスセンター
さいたま市北区櫛引町二-六〇四　〒三三一-八五〇七
電話　〇四八-六五一-〇〇五三

ISBN978-4-480-81531-6 C0095